马斯捷潘诺夫文集

俄罗斯能源战略和国家油气综合体发展前景

第一卷

(2002—2007)

[俄] A. M. 马斯捷潘诺夫 著
主　编 章　欣
副主编 曹　伟
译　审 张达楠
翻　译 毕　明 王生滋
王敏俭 王海燕 等

世界知识出版社

本书出版得到
中国石油天然气集团公司大力支持

译者的话

俄罗斯地处欧亚大陆之间，是世界能源资源大国。俄罗斯政府一直致力于制定有效的能源战略，以推动本国油气工业的发展，带动整体国民经济的腾飞。同时，它也力图将油气资源作为维护地缘政治影响、提高国际地位的战略武器。作为能源大国，俄罗斯能源战略的调整对国际能源格局有着深远的影响。随着国际能源秩序的调整与变动，俄罗斯的能源战略也一直处于不断的修正和完善中。

进入21世纪，中国经济快速发展，对能源需求快速增长，这为中俄能源合作带来了前所未有的机遇。加强对俄罗斯能源战略的研究将有利于深入了解俄罗斯能源政策，推动中俄能源领域的互利合作。

本书作者马斯捷潘诺夫曾历任俄联邦燃料与能源部燃料能源综合体规划发展综合管理总署署长，战略发展局局长，俄罗斯科学院油气问题研究所副所长，现任俄罗斯天然气工业股份公司副总裁顾问。他长期从事俄罗斯能源政策、能源安全、能源发展规划等方面的研究，是俄罗斯能源战略的主要制定者之一，在学术界颇具名望。

本书搜集编译了马斯捷潘诺夫近年来有关俄罗斯能源战略和能源政

策方面的著作和文章，希望对我们准确把握俄罗斯的能源战略思维，不断拓展中俄能源合作的新思路有所裨益。

在本书即将付梓之际，全体编译者感到十分欣慰和高兴。在这里，我们对本书顺利出版给予大力帮助的中国现代国际关系研究院俄罗斯所冯玉军同志、中国社会科学院俄罗斯东欧中亚研究所冯育民同志和外交部欧亚司吴小莺同志表示深深的谢忱之意。

由于水平有限，本书难免有纰漏和不妥之处，恳请专家和广大读者批评指正。

致中国读者

2001年我撰写的《世纪之交的俄罗斯燃料能源综合体——现状、问题和发展前景》一书在俄罗斯问世，此后分别两次在日本（2001年和2008年）和俄罗斯（2008年和2009年）再版。俄罗斯著名政治家和能源专家切尔诺梅尔金为该书作序。他在序言中指出："现代社会的发展离不开能源。它跨越时空，将国与国之间及人与人之间联系到了一起。能源对俄罗斯来说，是国家赖以生存的基础。它所面临的主要任务就是要稳定可靠地供应质量高、价格和税费合理的能源，同时还要提高能效，降低能耗，特别是要合理利用资源。另外，还要面向未来，建立资源、资金及科研力量的储备。能源是文明进程的基础，是经济领域的核心。能源工作者们的使命就是不能只顾眼前，而是要着眼长远，胸怀未来。"

切尔诺梅尔金的这番话同样也适用于中国当代能源工业（能源一词的广义是指整个燃料能源综合体）。近年来，中国吸收和借鉴他国及人类社会发展的成功经验，为己所用，在发展本国能源工业方面取得了巨大成就。近年来中国还掌握了多种最现代化的油气和能源设备的生产及工艺技术，在全部满足国内需求的同时，装备出口量也在不断增加。这些出口对象国曾是中国学习的榜样，而中国只用了短短几十年的学习时间。

中俄之间的经济和科技联系紧密而成果卓著。中国经济的许多行业，如油气、电力、机械设备及核能等工业正是在原苏联及其专家的帮助下建立起来的。成千上万名中国留学生在前苏联和俄罗斯最好的院校接受教育，数千名学生在这里获得了博士学位。大学生、专家和学者的互访以及科技信息和知识的交流在现代中俄关系中依然扮演着重要角色。在这一背景下，我的学术文集被译成中文与中国读者见面了。

我曾在苏联国家计划委员会、俄罗斯联邦燃料与能源部工作多年，现在俄罗斯天然气工业股份公司工作。工作之余我尽量挤出时间从事科研和教学工作。日积月累，逐步形成了我的科研重心，即国内及对外能源政策、能源安全、能源行业发展及布局的长期预测、全球气候变化及大型国际能源项目。

在本文集中收录的部分文章就反映了我的这一科研方向。例如，收录的俄罗斯能源战略的研究文章主要论述能源政策及其本质和精髓是如何形成的。文章指出，能源战略是包括经科学论证的国家长期能源政策的侧重点及实施机制在内的系统性基本文件。它面向国家权力机关、企业和大众。它确定俄罗斯能源供应的结构性政策、地区政策、科技和环保政策的侧重点、方向和手段。在我为俄罗斯国立石油天然气大学经济系大学生和研究生编写题为《俄罗斯能源战略和国家油气综合体发展前景》的教科书中，回顾了俄罗斯国家能源政策形成的各个阶段，以及能源战略的最基本原则，全面分析了油气行业的发展现状、问题及前景，并且详细研究了如何形成油气资源基地问题以及在市场条件下油气行业发展的普遍规律。此外，该书还指出了燃料能源综合体其他领域的发展前景，并分析了实施2020年俄罗斯能源战略过程中的外部问题。我认为，中国读者对这部分著作会最感兴趣。一是它包括了俄罗斯这一北方邻国的有关能源政策信息，而俄罗斯能源基地在未来的长足发展也将有利于中国经济的增长；二是从方法论研究方面，它也可以作为制定国家能源政策的一个参考。

我的第二个研究方向是能源安全，研究成果“俄罗斯联邦地区能源安全体系石油行业状况分析方法”也被收录到本文集中。它对于俄罗斯经济中与石油行业有关的能源安全问题进行了研究，阐述了石油行业对地区经济和能源安全状态影响的评价方法，强调能源安全是经济安全的最核心要素。

反映我另一个研究方向即对外能源政策的研究成果，体现在我在2004年发表的《俄罗斯对外能源政策和能源外交》一文中。当时，这一研究方向在理论上已经获得认可，并且在俄罗斯和全球范围内都出版了不少这方面的著作。而在实践中，也已经形成了“对外能源政策”、“国际能源政治”、“能源外交”等专有名词和概念。与其相关的工作包括制定和实施对外政策措施，以保证国家能源安全和能源行业主体的利益，以及在国际关系中利用能源牌实现本国的政治目的。而这一研究方向创立于20世纪90年代，是从几位专家的研究工作开始的，这其中就包括本文集的作者。因此，在这篇文章中，作者试图总结归纳出国际能源关系的理论与实践，分析能源因素在当今世界和俄罗斯对外政策中所起的作用，阐明国家能源外交的目标和任务，确定能源外交在全球不同地区的优先方向。我相信，中国读者会有兴趣了解上述专有名词和概念产生的过程，并会从本国利益出发探究其实质。

俄罗斯对外能源合作成功与否，在很大程度上取决于我们的潜在合作伙伴能否理解和认同俄罗斯国内经济发展的优先方向。我希望通过此书能够使中国读者更好地了解俄罗斯对外油气合作的侧重点。有鉴于此，我将《俄罗斯石油政治面临的迫切任务》、《俄罗斯石油天然气领域投资：问题与展望》和《俄罗斯天然气行业发展战略和俄气的东部政策》等文章收录于文集中，希望中国读者在读后能够更好地理解俄罗斯前总统普京在2005年4月11日在汉诺威举行的俄德经济日开幕式上讲的一段讲话："我们当然不会放弃我们的天然优势，我指的是俄罗斯所拥有的巨大的油气储量，但同时我们也不希望我国经济的发展只体现在某一方面。"

最后，我想对支持我的文集在中国出版的中国石油天然气集团公司的领导表示深深的谢意，同时也感谢中国石油天然气集团公司外事局曹伟处长及专家们为本书的顺利出版所做的大量技术和组织工作。还要特别感谢本书的译者，没有他们的工作，我的这些思考与认识都无法呈现在尊敬的读者面前。

莫斯科

2009年8月13日

目　录

前 言

首先，应该明确的是俄罗斯能源战略的含义是什么？媒体、社会政治文献以及专业书刊，甚至在各级政府中对这一概念有多种理解。由此，对题为“能源战略”文件的内容要求也不尽相同。

在众多对“能源战略”对立的理解中，可以分为以下几类：

第一类理解认为“能源战略”意味着指令性文件，是指能源领域发展的具体任务计划及其实施纲要。尽管在这种对战略的理解中包含了一些合理的成分，即行为的目的性和计划性，但是，在开发的市场经济条件下，这种理解是经不起推敲的，因为计划当然不是指令性，而是指导性的。

第二类理解认为“能源战略”是对能源领域发展可能出现的情况及未来发展趋势进行预测的一种尝试。尽管对预测的详尽程度、深度和广度看法不一，但这种理解是有一定基础的。但是，战略并不仅仅是对未来的一种简单的预测或是解谜的一种尝试，如果这样理解的话，战略就和占卜有些相像。但是，具有科学依据的预测是在制定战略所设定的各种条件下，可以被这样或那样的作为（或无作）所证明的。我们认为，战略不只是预测，它从本质上是一种更广泛的综合性文件。

第三类理解认为“能源战略”是一种政治文件，是能源宣言。这一观点与上述理解是完全对立的。如果在第二种理解中将战略看做是一种“预测”，那么战略中就应当包括详尽的数据和数字。但第三类理解的战略的含义则正好相反，它根本(或基本上)不会包括任何量、义务、期限等数据内容。总之，在这种理解下的“战略”类似“苏共中央五一节口号”。

应当指出的是，一些政治家和国家高层决策人总是将“战略”（文件）看做是一种万能的宝物，一方面期待在其中能够找到解决各种问题和生活中遇到的各种境况的答案，同时又要求所有的答案都是“好的”，无论他们（政治家）将做（或打算做）什么，或者将什么也不做（不想做或不能做）。换句话说，这样的政治家是想要战略对他们提出任何行动的要求。

但是，当在战略中找不到答案，或是由于情况偏差和行为不当（采取的决定不正确），实际情况开始偏离战略中设定的情景时（更不用说当战略中的答案与人们的想法不一致时），人们就开始对战略制定者提出意见，认为战略的内容不正确，数字不准确，什么都不清楚等。读者们可以想象，还会有许多意见。

我们的观点是，“能源战略”是一份基础文件，包含了国家长期能源政策规定的优先发展方向及其实施机制的科学结论。这一文件的编纂者认为，俄罗斯的能源战略主要适用三类用户：

首先是国家机关和各级政府部门。能源战略是（执行机构）研究、制定和（立法机构）批准法律文件，以及在日常生活中监督和管理法律文件执行情况的依据。总之，能源战略可以使国家权力机关根据社会对能源领域的要求，以及是以保证燃料能源综合体自我发展的条件，来评估和决定能源领域如何发展。

第二类用户是公司。能源战略是其行为的规范。因为任何公司，甚至是最大的公司，尽管知道它计划做什么，但是它还应当明白，它的行为将是在何种背景下，事态发展的总体趋势是什么样的。任何规划和战略都不会给出准确的答案以及量化的预测，因此审慎研究发展规律和长期发展趋势是非常必要的。由此可见，能源战略可以使能源行业的管理部门根据国家制定的能源政策的目的和任务以及在能源市场上的行为准则，来规划发展的前景。而冶金、机械制造等其他经济管理部门同样也要参考能源发展的趋势，因为它们既是机械和设备的生产方，同时也是能源的消耗者。

第三类用户是社会公众。能源战略能使他们了解能源的地位和作用、发展及其前景，并积极参与这些问题的讨论，使所有居民阶层从思想上和实际行动上关心能源问题。此外，我们每个人都是燃料和能源的消费者，因此，社会公众较之专业人士，如石油天然气工作者，能源工作者更关心的是，油气价格将如何变化？在这一领域将会发生什么，以便能够及时应对。对这些问题的答案社会公众是有知情权的，即他们有权从能源战略中掌握第一手资料。

俄罗斯能源战略和国家油气综合体发展前景

1. 俄罗斯能源政策的形成阶段

在向市场经济的转换过程中，作为一个独立国家，俄罗斯亟须制定新的能源政策，因为俄罗斯曾经是、现在是、未来仍将是世界能源大国。

促进形成俄罗斯能源大国地位的因素不仅是丰富的资源潜力，这是俄罗斯国家的无价财富：俄罗斯预测资源量占世界的12%~13%，石油探明储量占世界总储量的约12%，天然气资源量和储量分别占世界的42%、34%，探明石煤和褐煤储量分别占20%、32%，探明铀储量约占世界总量的14%；俄罗斯进入世界能源大国行列更归功于通过几代人的努力，俄罗斯在燃料能源综合体建立了生产、科研和人力资源方面的巨大潜力。

有效利用这些潜力（包括资源、科研生产和人力资源方面）是提升俄罗斯经济和人民生活水平的良好基础。但是，为了在这个“基础”上建立“大厦”，为了能通畅地支配这些潜力，为了在痛苦的社会经济转型期保障能源安全、长期稳定的能源供应和国家的能源独立，需要制定经过科研论证、社会接纳的国家长期能源政策。

能源政策的形成经过几个阶段。第一阶段，1992年，由科学院倡导，在俄罗斯燃料能源部的支持下，曾制定《新经济条件下俄罗斯能源政策构想》，其主要原则经俄罗斯联邦政府会议确认通过（1992年9月10日第26号会议纪要）。

该《构想》在科学院和一些专业院校的学术报告基础上完成，1992年6月18日经燃料能源部集体讨论后，由燃料能源部与俄罗斯经济部、俄罗斯科学部和俄罗斯科学院一起提交给俄联邦政府。

《构想》中包含制定新的国家能源政策的必要性，新政策与以往行政计划管理体系下旧规划的原则性区别、新内容和主要任务。

形成国家能源政策的下一阶段，是《俄罗斯能源战略》的制定，完成于1993~1994年。几十家科研机构和院校的专家和学者组成的学术团体参加了制定工作。制定工作根据俄罗斯部长会议——联邦政府的指令（1993年3月15日第418-P号文件）进行，指令委托俄罗斯燃料能源部、俄罗斯经济部、俄罗斯科学部、俄罗斯自然资源部，在有俄罗斯科学院、其他部委、边疆区和联邦州政府的参与下，依据《俄罗斯能源政策构想》，制定俄罗斯联邦2020年前燃料能源综合规划。基于这个目的，成立了部门间制定规划委员会，同时设立执行管理机构。当时“规划”和“战略”这两个概念并没有明确的区别。

与苏联能源规划相比，《俄罗斯能源战略》保持了一定的延续性，但从根本上来说区别很大，因为它是根据新的地缘状况、经济中的市场关系的发展，以及根据宪法规定的俄罗斯联邦机构和联邦主体新的职能制定的。

按照情景分析方法，从经济利益和能源供给发展的角度出发，《俄罗斯能源战略》依次确定了燃料能源综合体发展关于结构、地区和工艺方面政策的目的、优先发展方向和资金。《能源战略》确定的目标是保障近期居民消费水平和生活生态安全达到欧洲中等国家水平，其主要基准点在于综合解决俄罗斯各地区的能源保障问题。燃料能源综合体各部门的发展预测充实了新的内容。在确定产量时考虑了对产品有支付能力的需求和随着国家走出经济危机时需求的增加情况。投资规划则考虑了资金的来源问题，价格和税收政策，私有化，非国有化，管理机构，俄罗斯与独联体国家关系，与境内外投资者关系，完善立法的建议等，所有这些问题都在《能源战略》里得到反映。

此外，在《能源战略》框架下，对与能源发展有关的联邦和地区、社会和经营主体之间的利益进行了协调。

因此，《能源战略》并未将注意力集中在确定燃料能源综合体发展过程中的有关参数，而是注重保障形成此行业能按照需要方向发展的环境和条件。因此，《能源战略》中提出的定量评估具有预测的性质。

该能源战略的草案（主要原则）先是经俄罗斯联邦政府业务问题委员会通过（1994年12月7日），后又由联邦政府专门决定确认（1995年10月13日第1006号文件）。1995年5月发布了《关于2010年前俄罗斯能源政策和能源综合体机构重组的主要方向》的总统令（1995年5月7日第472号令）。

完善能源领域立法也是形成和实施能源政策的重要部分。

俄罗斯成为市场经济的国家以后，需要重新创建调控经济关系的法律基础。20世纪90年代末，俄罗斯联邦宪法和其他一些规范社会经济机构的基本联邦法律成为新时期立法，包括调控能源领域关系立法的基础（《矿产资源法》、《苏俄投资行为法》、《外商投资法》、《水资源法典》、《工业金融集团法》等）。

俄罗斯联邦宪法与《矿产资源法》确定的共同管理自然资源（包括碳氢化合物原料资源）的原则对于划分中央和地区国家政权机构的职权（立法权和行政权）具有重要意义。

共同管理的原则使得联邦主体制定本地区矿产使用立法成为可能或必要（由于个别地区的情况较特殊），地区立法也反映出联邦中央与地方的相互关系。在向新的矿藏使用机制转变过程中，地方立法显得更为务实和可操作。

现在许多联邦主体都有类似的法律，如科米共和国、乌德穆尔特共和国、鞑靼共和国等。

在根据地区特点延伸或细化联邦法规的同时，有些地区还制定了关于能源领域其他方面的法律，比如在图拉州、车里亚宾斯克州通过并实行《节约能源法》，它们在某种程度上比同类的联邦法律更细致、更实用。

除了法律之外，在能源管理方面还用俄罗斯联邦总统令、政府决定、各部委行政法规等调控能源关系。

但是，能源政策并不是一次性规定，也不是一成不变，其任务和实施机制是一个发展的过程，而政策本身就是对本国、世界能源形势的监测和对经济、资源、需求趋势可能情况的预测体系。在制定能源政策过程中，最主要的是形成与不断完善能保障稳定的能源供应和合理地使用能源自然资源的组织、经济、法律机制，以维护当今和未来俄罗斯民众的利益。因此，制定能源政策的工作一直未间断，而且跟其他工作一样，错误和不正确的举措不可避免。

俄罗斯发生的经济危机，比《能源政策构想》和1995年版《俄罗斯能源战略》中预计的最悲观方案还要严峻，社会经济和政治的不稳定要求对能源政策和能源领域的发展预测经常进行监控和修订。

类似工作实际上早已展开，1996年夏天，俄罗斯燃料能源部的专家们编制了《俄罗斯燃料能源综合体1996~2005年社会经济发展预测》。1996年12月末至1997年1月初，俄罗斯科学院和燃料能源部的专家们起草了对2000~2005年国家社会经济发展预测的论证材料。在这些材料中提出了进一步实行市场重组政策、克服拖欠危机、改善国家财产的管理、完善对自然垄断组织的调控和修正当前宏观经济政策的建议，在很大程度上宏观经济政策决定着俄罗斯能源战略能否成功实施。

1997年4月28日第426号总统令确认通过《自然垄断组织领域结构改革基本条例》，8月7日第987号政府令确认通过《自然垄断组织领域结构重组、私有化和加强监督措施的规划》。这些文件规定了电能和天然气工业领域结构重组的未来主要方向、任务和实施机制。

必须强调的是，通过《俄罗斯能源战略》时，《国家经济发展战略》仅进行了概括性阐述，对一些经济发展途径的原则问题并未达成共识，整个社会，包括学术界和实业界，对前景过于乐观。因此当时不可能正确评估出现经济问题的规模和时间，这些经济问题的根源在于国家和世界的整个经济形势。例如，在制定《俄罗斯能源战略》时，拖欠行为，即对经济改革适用措施产生的反应，尚未成为普遍现象，其后果也未达到类似90年代中后期的严峻程度。在制定《能源战略》时，没有足够的依据预测到世界某些蓬勃发展的地区会发生金融危机，也未预料到1997~1998年会发生前所未有的世界原油价格下跌。

正因为此，在90年代的实际条件下，尽管确定了燃料能源综合体管理与改革的主要方向，但《能源战略》并未成为国家机构和经济主体在能源领域各类行为的指导性文件。

《能源战略》的主要规定并未得到实施，包括：

• 所有燃料动力综合体行业各部门的经济、金融和数量指标均比《能源战略》预测的要差，这与整个国家的经济和金融危机有机相连；

• 未建立良好的投资环境。在改革时期，燃料能源综合体的年投资额减少了2/3；

• 国家经济发展的能源耗量没有降低，大致稳定在比改革前还高20%的较高水平；

• 未解决供应能源载体的欠费问题和相应燃料能源行业企业向各级财政和国家预算外基金的费用交纳问题，因为价格和税收政策的倾斜与不平衡导致了对大多数燃料能源行业经营和投资活动自我融资条件的破坏和能源载体需求的结构变形；

• 未成功利用“天然气中断”给予的机遇，对电能、核能和煤工业进行装备改造；

•《能源战略》关于形成燃料和能源领域统一立法，即制定《俄联邦能源法典》的规定未能实施。当前的行业法律法规存在断层现象，还不足以保障在市场经济条件下国家的有效管理。

改革时期，燃料动力综合体成为财政预算和许多行业独特的“输血者”，但结果也被经济问题拖累，这些经济问题最终成为国家能源安全的主要威胁。

实现《能源战略》确定的目标仍然是迫切的任务。但是，在《能源战略》通过后的五年间，国家社会经济条件跟20世纪90年代相比已不尽相同，因此需要有新的解决方式。

这也成为有必要制定能反映所有发生变化的新版本俄罗斯能源战略的缘由。

1998年，俄罗斯燃料和能源部通过关于起草新版本能源战略的决议，此次需制定2020年前的战略，并发布了部长的相应命令。相关工作在1999~2000年期间积极开展。2000年4~5月，《发展战略》和基本原则草案公布。学术界、生产领域和国家机关的许多专家参与到这些草案的讨论当中。根据讨论结果，政府对草案进行了修订，在举行国家杜马听证会、联邦政府专家评审会后，2000年11月23日，俄罗斯联邦政府通过《能源战略基本原则》。2000年版俄罗斯能源战略在实业界、学术界和地方引起了广泛共鸣。

随后发生了与1995年版《能源战略》类似的问题，即核准一个文件后的几个月，俄罗斯政府即开始制定与这个能源战略背道而驰的规定、法案和其他文件。

在通过后不到一年半的时间里，新版《能源战略》的一些原则性建议并未得到执行。例如，俄政府通过的能源战略基本原则确定急需提高国家管制的燃料能源资源价格和费率，并以2001年为起点。但是该年并未通过《能源战略》倡导的提高燃料和能源价格与费率的决议。根据《能源战略》，2001年天然气价格应提高约50%，电能提高35%。实际情况是，2001年天然气价格仅提高18%，电能提高30%。天然气和电力部门的投资活动、消费者节约消耗能源的动因和各级财政预算的完成都与此相关。

在俄联邦政府赞同的新版能源战略基本原则确定需加强税收的租金特点。与矿产开发相关的税费征收中，应优先使用租金方式，这点也在总统预算咨文中明确提及。同样在2001年，国家杜马根据政府的提交草案通过了矿产资源开采税，该税征收的依据与租金有原则性区别。结果是现在再也不可能考虑根据油气田的地质、地理和经济开发条件确定税收级差，促进提高石油采收率的投资和方法问题。

此外，《能源战略》规定了监控执行情况的明确机制，但从上文可知，无论是否有监控机制，《能源战略》都不会得到执行，而且首当其冲是其制定者，即俄罗斯政府不执行。

因此需要修订《能源战略》，这也被写入2001年12月6日俄罗斯政府工作会议纪要中。

完善和修订《能源战略》的过程非常艰难、非常敏感。在商定的2002年3月14日政府会议召开前，讨论修订后的新版《能源战略》被正式提交给政府，但在会议召开前，负责《能源战略》制定的部委撤回了草案。当时，在政府和能源部，关于能源战略不应包含经济、能源需求和燃料动力综合体发展的参数预测，不应包含具体的（阶段、数字）建议和国家的义务的观点占据主流。根据这些观点制定了新的《能源战略》草案。2002年5月政府会议对草案进行了讨论，但被搁置至2002年秋天。2003年5月草案终于在政府会议上通过，2003年8月22日，俄罗斯政府正式颁布第1234-P号令，批准《能源战略》。

为了不重复通过《基本原则》，采取了如下策略性做法：决定不称2003年版文件为《基本原则》，而称《能源战略》。这样逻辑得以理顺：2000年通过了《2020年前能源战略基本原则》，而在此基础上于2003年通过《俄罗斯能源战略》。

2. 能源战略的基本原则

2002年秋，在对《能源战略》进行修改和发布新版本时，成功地达到了主要目的，即2002年政府批准的能源战略基本原则的基础核心目标、原则和优先发展方向保持不变，包括以下主题：

—— 能源战略的主要目标

最高效地利用能源资源和生产潜力，加快经济发展，提高百姓生活水平；

—— 能源战略着眼点

能源安全，经济发展的能源效率，燃料动力综合体自身的经济效率及生态安全；

—— 国家能源政策的主要组成部分

矿产资源的利用，国家矿产的管理，发展国内能源市场，建立合理的燃料动力平衡，制定社会能源政策、地区能源政策、对外能源政策、科技和创新政策；

—— 国家调节的主要机制

创造合理的市场环境（投资措施，价格、税收和关税调节），国家财产的管理，未来的规章、标准和议事规则，支持战略性倡议。

谈到能源战略，不能不提到一个十分重要的问题，即没有相关预测或国民经济整体发展战略，是否可以制定长期的能源政策？这是制定此类文件时的一个最重要的和关键的问题之一。笔者在一篇文章中曾明确指出："没有长期的经济战略，就不可能有好的能源战略，因为我国的能源综合体尽管具有十分重要的意义，但它仍然是经济的一个部分，尽管是最重要的、最基础的、最主要的一部分。而且燃料能源综合体的发展要与整体经济的统一参数、法规相符。"[①]

但是，如果客观上不存在这种经济战略，那么就应当在能源战略框架下对经济结构进行详细研究，使之能够表明能源战略所适合的经济模式。在最新的能源战略中也的确出现了这样的经济分析。这是由俄罗斯经济发展和贸易部在俄罗斯科学院经济学部专家参与下制定的。

在制定能源战略时，对下列社会经济发展因素进行了研究和评估：

国际部分：世界经济发展速度，国际石油价格动态，国际上对俄罗

① A. M. 马斯捷潘诺夫：《俄罗斯需要什么样的能源战略》，《油气垂直一体化》杂志，2002年第17期。

斯碳氢化合物的需求和出口规模，俄罗斯的经济一体化和加入WTO进程，偿还外债的规模等；

国内部分：经济改革的进展，自然垄断领域价格放开和上涨的速度，通货膨胀动态变化，卢布实际升值的速度，国内总产值动态变化，资本输出规模，国库支出等。

作为能源战略基础的各种俄罗斯社会经济发展方案，要求满足以下条件：

世界经济和国际能源市场长期的循环发展规律产生的影响；

外债的偿还情况不会导致外债的重组；

经济改革进程将继续加紧推进；

通货膨胀的下降向目标接近，降低通胀的措施将促进居民生活水平的提高；

国内生产总值的结构变化将向扩大服务业份额方向发展，而工业生产结构将向加工业和能源耗量小的生产行业快速增长的方向发展。

方案提出的条件考虑到了税收制度和预算过程的进一步改革。中期税收改革的主要方向包括：

改革部分税种，取消无效率的税费；

取消销售税；

重新制定地区和地方税费种类；

实行按包括对产品分成协议参与者及经济特别区在内的专门纳税办法征收税金；

完善部分税收的行政管理（首先是增值税和统一的社会税），降低税收管理负担（包括计税），彻底提高效率；

降低税收体系中的有效税率（2005年开始）；

从2004年1月1日开始，取消天然气消费税，同时提高采矿税和天然气出口关税。

在确定方案时考虑到，燃料能源综合体对国民经济增长的良好影响，不仅在于对经济发展综合指标的直接贡献。保障持续的能源供给，合理的和可以预测的价格水平，通过价格因素对经济的技术发展过程施加影响等也同样重要。能源供给过程、自然垄断行业的费率政策，将影响俄罗斯经济的投资技术结构及行业投资分配。因此，燃料能源综合体的发展将不仅影响到经济发展的数字指标，而且会影响到发展的质量。

作为能源战略基础而采用的总体经济参数和可预测的俄罗斯经济发展的国内外条件，乐观估计，到2020年国内生产总值与2000年相比将增长2.3倍（中等增幅为1.3倍），国内生产总值中的能源份额将下降50%。需要当即指出的是，这些参数要高于2000年和2002年能源战略的数据。

能源战略中提出了两个基本方案——乐观的和中等的发展水平，两种情况都要求实现国家社会经济中期发展纲要草案提出的主要任务。还提出了两个好的和差的实施方案。乐观的和中等的发展水平的依据又是什么呢？俄罗斯经济发展和贸易部认为，当前和最近15~20年的俄罗斯经济，将严重依赖国际燃料能源产品行情，依赖能源价格。也就是说，作为制定能源战略基础的重要参数之一就是，可预测的时期内的石油和天然气价格。在乐观情况下，能源价格变化十分理想。实际上这种价格变化大概也是经济发展条件最重要的纽带或前提，因为，要预测未来20年的石油价格进程是不容易的。无论如何，过去的20~30年证明，这种增长是不存在，油价有大涨也有大跌。但如果按可比或不变价格计算（不计通货膨胀），对过去的20年得出的结论是，从1974年到2000年的国际油价几乎没有什么原则性变化。而能源战略的制定却建立在油价不断上涨和大涨基础上。

中等发展方案预测的是稳定的国际油价（18.5美元/桶）。在此，中等发展方案是以作为其基础的方法论原则为依据，所以比较稳定。而悲观的发展方案是基于油价下跌到14美元/桶，且剧烈波动。

能源战略基础的第二个重要参数是——世界经济的发展速度。我们仍然先看理想状态，其预测的世界经济发展速度又快又稳（年增长率为3.5%）。中等发展方案预测的速度则相当低，而悲观方案预测，至少在最近几年内可能会出现世界范围内的经济萧条。

依据上述两方面的数据——国际油价水平和世界经济发展速度——就可以预测俄罗斯国民生产总值和投资的增长。

顺便指出，这些参数加上美元汇率变化，通常也是政府制定国家预算和中央银行确定信贷政策的主要方向要采用的基准参数。许多专家认为，这再一次证明，政府一如既往地主要依靠国家外部的发展因素，无力（或不善于）“加热”国内市场，使之成为经济增长的“火车头”。但是，这种以出口原料为导向的经济发展模式，永远也不可能实现高速稳定的发展。

而能源战略的悲观预测是，这些指标——国内生产总值和投资增长——头十年个别年份的发展是负增长，但这会促进经济的结构变化，到2020年将达到中等发展方案预期的水平。

笔者对悲观预测的事例要特别论述一下，以便说明我国经济发展中另外一个关键问题，即：什么样的国际油价更有利于我国经济的发展：高价还是低价？一切似乎都应当选择前者，即高油价才对，因为我国的主要外汇收入乃至出口收入，就是石油收入。这种答案有很多问题，主要是负面的——高油价会改变我国现有的经济结构。高油价容易产生经济繁荣的假象，导致一切都不需要变革的幻觉。采油吧，出口吧，其他一切都可以拿钱买。而实际正相反，低油价是一种刺激经济结构完善、经济改革和变革的因素。在这方面，1998年底到2000年间国际油价变化说明，油价低迷不前之后，我国内部经济却十分活跃。相反，当我国美元收入滚滚而来的时候，对经济发展的刺激就会减弱。因此，能源战略需综合上述情况而定。

我们再看一下俄罗斯国内生产总值的发展变化及其能源耗量的情况。于是，乐观方案下预测的国内生产总值将增长2.3倍，中等方案下预测将增长1.3倍。但这种增长速度与俄罗斯总统对国会发表的国情咨文中提出的任务是什么关系呢？不要忘了，提出的任务是，在最近10年内使国内生产总值翻一番。如果从2000年开始算起，则可以看出，即使在理想状况下这个任务也无法完成。而经济发展和贸易部的专家们却说："总统并没有说从2000年起计算。"因此，如果以2002~2012年的10年期计算，这项任务就有基础了，就不需要修正，不需要改变了。至于说我们如何答复总统提出的任务，《能源战略》给出了明确的答案：根据《能源战略》提出的经济发展速度，国内生产总值的能源耗量应减少一半。

3. 俄罗斯的能源耗量、能源效率和能源内需

首先我们来讨论一下，为什么这样的议题——降低能源耗量——很有意义。如果按照我们提出的国内生产总值增长2.3倍，那么在当前经济结构和现有的能源耗量状态下，国内能源需求也应当按相应比例增长。也就是说，应当从当前水平（2002年为9.15亿吨标准燃油），增长到30亿吨标油。但这个任务是不现实的，绝对无法完成的。因为《能源战略》的出发点是，这种增长速度，应当只能是一种与当前经济模式迥异的经济才能实现。首先是应当进行经济结构改革，提供主要增

长的不是金属行业、能源密集行业，而应当是加工业、科研密集行业、高科技行业。只有这样才能实现这种高速发展，才能完成总统提出的国内生产总值10年翻番的任务。因为，按照当前经济结构，这种增长速度无法实现是“确定无疑”的。

还应当特别强调的是，不从根本上提高燃料和能源的利用效率，燃料能源综合体就不可避免地会抑制经济增长和发展。

另外，经济增长速度，特别是国民经济的结构改革，将同技术进步一道，决定着国民经济能源效率的提高。国内生产总值增长速度越快，以及服务行业和高科技生产的作用越大（亦即国内生产总值中的原料和耗能多的生产部分份额越小），能源效率就越高，国民经济增长需要增加能耗的部分就越少。

由这种相互关系，可以得出这样的概念表述：节能型经济发展。也就是说，通过科技进步，完善生产结构和降低原材料份额，实现节能型生产，在这种经济结构下，持续或者绝对降低能源消耗水平，实现生产规模的增长。此时，通过节能达到的能源需求满足程度将达到100%以上。同时，谈到改变生产结构和节约能源的结构性因素，还应当了解下述问题：后者的作用机制在于，上层结构变化会完全在下层结构中重现，并与下层结构变化合为一体。大型行业内部跨行业和（这些行业内部）产品间的结构性变化所产生的节能效应，可能也应当比较显著，并与耗能量成反比。而上层的结构性过度消耗可由下层的结构性节能进行补偿，最终形成结构性节能。结构性节能集合了上层的节能和过度消耗（包括中层行业的过度消耗和节能）以及生产和生产技术环节的全部结构特性。

除结构性因素外，还必须积极采取有组织的节能技术措施，即实行目标明确的节能政策。在这方面，俄罗斯拥有巨大的有组织的技术节能潜力（下文还将谈到）。《能源战略》计划通过采取提高燃料和能源有效利用率技术的和组织的措施，保障其余1/3的能源需求，最终才有可能达到期望的国内能源需求水平——在国内生产总值增长2.3倍的情况下，国内能源需求仅增长40%，从而使国内生产总值的能源耗量只占2000年的42%~56%。

为什么会得出这样的结论？依据是什么？其依据在于，俄罗斯的现代经济是能源消耗型经济。能源效率低下，而能源耗量居高不下。俄罗斯国内生产总值的能源耗量（根据货币购买力平价计算），是世界平均指标的2.3倍，是欧盟国家的3.1倍，更严重的是，比发达国家高1~2倍。其中由于气候和地域条件的原因，部分超出是客观需要的。但主要问题在于其呈现增长的趋势，而最近15~20年间，无论是发达国家，还是世界经济，能源耗量都在下降。

这期间，发达国家出现了高效能源的经济增长（国内生产总值每增长1%，能源消费平均仅增长0.4%）。结果，最近20年间，全世界国内生产总值的能源耗量，平均下降了19%，发达国家降低了21%~27%。与这种全球趋势相反，俄罗斯由于深度经济危机，国内生产总值的能源耗量不降反升（1990~1988年间上升了18%）。只是最近几年随着经济的复苏，才开始有了每年2%~3%的降幅。而这种转折趋势，面临着要么继续巩固，要么在新一轮经济停滞来临之后，重新化为乌有的可能性。

因此，我国已积累了巨大的节能技术潜力，根据不同评估，节能效率可达到当前全国能源需求的35%~45%（根据最新版的《能源战略》，节能潜力为3.6亿~4.3亿吨标准油，或达到当前燃料能源需求的39%~47%）。

这种潜力受制于固定生产资产的不完善，传统的能源浪费和管理不善，对使用燃料能源协调不力和缺乏现代化的统计和监管手段保障，也是制约因素之一。

低价格不会刺激能源产品的有效利用。

此外，如上所述，国民经济的高能源耗量也受到这样一些客观因素的影响，如历史形成的重工业、能源密集型产业比重过大，以及俄罗斯大部分地区的严酷的气候条件等。

几乎1/3的节能潜力集中在燃料能源行业（其中3/4为电力和供热），还有35%~37%的潜力存在于产业部门，25%~27%在住宅公共用事。

换句话说，在我国，按照目前的能源耗量水平，产出同样规模的产品和服务，实际燃料能源要多消耗40%~45%，无论优秀企业还是优秀生产行业，都是如此。

因此，《能源战略》得出了确凿无疑的结论：需要推行积极的节能政策，将严厉的行政手段（包括标准、监管、审计，特别是预算领域）与结构性改造基础上的经济技术革新（上文已有论述）结合起来。

还要指出的是，《能源战略》（2000年版）谈到开发节能技术潜力时，提出了三大节能措施：

- 花费少的措施。整顿燃料和能源使用秩序。首先是消灭运输和存储过程中的能源损失，遵守节能技术规范，更换能耗大的设备，给用户配备用能计量设备等；
- 投资措施。需要投入大量定向资金，采取的措施应使节能效果在可以接受的时间内收回投资。鉴于回收投资需要相当长的时期，每一项措施均进行相应的论证，计算长期实施效果；
- 伴随措施。在国民经济产业技术更新过程中，节能是伴随因素。在发达的经济运行中，这是采用最广泛的措施。这里也包括改变使用材料、工艺和终端产品的结构。

由此可见，这种节能措施的划分具有显著的“投资”特点，从整体能源政策立场出发，完全可以纳入节能范围。

另外一个非常重要的结论是：提高能效的主要条件是——提高能源价格和完善税收政策。但遗憾的是，我们经常听到的说法是，价格一提，所有能效问题就都迎刃而解了。立竿见影是不可能的，涨价仅仅是一个条件，而不是自动发挥作用的自然规律。

用人为地限制能源使用价格的办法，在大力扶助劳动者和社会无助阶层时，能源用户没有节能动力，只是在强大的行政压力下才实施花费少的燃料和能源节约的组织措施，而这些措施不会超过节能潜力的1/5。因此，强化节能的前提条件是，要尽快使国内能源价格达到生产者能够完全自负盈亏的水平（包括必要的投资），并进一步向国际市场价格看齐。只有实行这样的价格政策，才有希望达到预期的2010年和2020年的节能规模。

同时，《能源战略》（2000年版）明确强调，正确的价格政策绝对是节能的必要条件，但不是充分条件。提高《节能法》颁布后实施的节能政策的有效性，需要使鼓励有效利用能源的立法、行政和经济措施的完整体系共同作用。这个体系包括：

——强化行政—规章措施：

- 重新修订现有的能源消耗规章、规则，严格节能要求；
- 完善能源使用的计量和监管规章；
- 制定能源使用和损耗标准（包括能源密集型产品的单位能耗比），违规处罚标准（包括为浪费能源支付高额费用）；
- 强制认证能源使用仪表和通用设备，制定相应能耗规范。

——对企业，首先是能源密集型企业，定期进行能源审计：对将节能转变为效益的经营领域，进一步制定经济奖励办法：

- 免除用于专项组织技术节能措施的投资所得税；
- 根据采用的设备和材料所提高的能效，比照制定的标准，按比例降低其增值税率；
- 对非传统节能措施给予税收或其他财政支持：为节能设备颁发许可证，允许节余的能源进入自然垄断能源网络，包括出口能源；
- 对所有节约燃料和能源的个人，实行有效的物质鼓励措施；
- 加快节能设备的折旧；
- 在民众中组织广泛的节能普及活动，对个人进行群众性培训，开放节能企业、技术和设备数据库，建立规范—技术文件、数据库，召开学术会议和研讨会，交流经验，在大众媒体中宣传节能。

这里需要特别指出的是，开发拥有的节能潜力，将燃料和能源利用效率提高到发达国家水平，从而为我国经济发展走向能源节约型道路创造条件，这是早在1995年俄联邦政府就通过的《俄罗斯能源战略》（1995.10.13，No.1006）中提出的国家能源政策的主要任务（最优先发展方向）。

为实现这个优先方向，在改革年代取得了一定成果：

——通过了联邦《能源法》（1996.03.04，No.28-Φ3）；

——出台了俄联邦政府令（1995.10.02，No.1087和1997.07.08，No.832），规定了一系列节能措施，包括到2000年为企业、组织和居民个人，配备计量仪表和能耗调节设备；

——调节节能效率的指标纳入了314个国标范围，补充修订了15个主要国标草案；

——俄罗斯建设部制定了防寒标准，将防寒标准提高到1.5~2倍，为民用和工业建筑配置用能和用水计量和控制仪表；

——许多俄联邦主体在本地组建了地区节能中心和基金（车里雅宾斯克、图拉、科斯特罗姆、下诺夫哥罗德、库尔斯克、别尔哥罗德、利佩茨克、沃罗涅日、奥廖尔、坦波夫、罗斯托夫、萨马拉、秋明等州，以及卡累里阿共和国、哈巴罗夫斯克边疆区、莫斯科和圣彼得堡市，以及其他主体）。建立了俄罗斯能效管理机构；

——地区一级的节能法律基础有所发展。车里雅宾斯克、图拉、下诺夫哥罗德、坦波夫及其他联邦主体通过了地区节能法。

我国政府通过了专门的纲要——联邦专项纲要《俄罗斯的能源节约》（俄联邦政府令，1998.01.24，No.80）和联邦专项纲要《俄罗斯的高效能源经济》（俄联邦政府令，2001.11.17，No.796和2001.12.29，No.923）。但至今未见显著成果。造成这种状况的原因是什么呢？

当前经济状况下对节能产生不利影响的因素是多方面的。在俄罗斯许多地区，妨碍国民经济所有行业节能的主要因素有：

——能源和燃油使用设备更新不够，许多行业的磨损率超过50%~60%，主要原因是企业的必要投资不足；

——缺少符合国际标准的节能设备，其在多数国民经济和工业行业里仅占13%~18%，导致能耗下降率落后于外国，削弱了国产商品的竞争力；

——无论是原材料领域，还是非生产领域，缺乏燃料和能源用户对合理利用能源和节能感兴趣的经济机制；

——缺乏地区的节能管理系统；

——许多企业技术和生产纪律松懈，导致能源消耗过度和因经营不善带来的巨大损耗。

中央供热系统集中了巨大的节能潜力，其规模俄罗斯占世界第一位。中央供热系统已进入我国的生活之中，92%的城市居民和20%的乡村居民都使用中央供热系统。同时，现有的中央供热系统在设备和观念上都老化了，比国外的系统复杂，设计和使用的技术都是半个世纪之前的，不符合现代要求。这就是其效率低、竞争力低的原因所在。

目前，多数供热系统的磨损度达到60%~70%。地下供热管网的事故率达到了每百公里100次/年。能源损失达到35%~40%，据估计，每年损失热值1.2亿~1.45亿千卡，地区锅炉和供热网多数情况下不但设备老化，而且在运营上也与标准要求相去甚远，除上述后果外还带来严重的生态问题。整个行业都在享受补贴，而且用于运用和发展供热系统的地方预算补贴，占到为居民供热实际费用的约70%。

这样一来，能源改革的全部环节——从燃料燃烧和提高锅炉能效，到能源运输及终端能源用户的使用——都需要改造和完善。

我要再重述一次：为降低我国经济的耗能量，必须采取提高经营领域的能源利用效率的行政和经济措施。这些措施应结合使用，使节能成为对能源用户有利的事情。这些措施还应当支持经营主体建立自己的财务来源，实施节能措施和节能项目。这些措施的实施将成为降低能源需求的重要杠杆。

俄罗斯《能源战略》(2003年版)提出的，到2020年国内一次能源的需求规模，在上文论述的社会—经济发展情况下（乐观的和中等的两个方案），还显示了两种主要终端能源——机器燃油和电力——的需求增长变化。

可以看出，对燃料—能源国内需求增长评估的绝对值在所有预测项目上都几乎重合一致（相差约2%）。

在所有情况下，天然气始终都是国内燃料—能源需求的主体。同时，天然气在一次能源消耗中的比重也将从目前的50%下降到2020年的45%~46%。

上述时期对液体燃料（石油和石油产品）的需求约占20%~22%，对固体能源的需求约为19%~20%。对非燃料能源（水电和核电提供的电力和热力）和可再生能源的内需也将稳步增长。

当前时期需求最旺盛的将是燃料油——2010年将增长15%~26%，2020年将增长33%~35%。同时，目前也将使用液化气和压缩天然气替代燃料油(到2010年，替代品将相当于500万吨油品，到2020年，将相当于1000万~1200万吨油品)。另据预测，到2020年，汽车能源将广泛使用电动发动机、氢燃料和其他燃油成分。

我想详细谈谈对机器燃油的需求预测，因为2000年版的《能源战略》提出的数字比较保守。我对燃油地位的评估观点，有多方面的缘由做基础，其中最重要的就是国内经济的发展速度和经济结构、对现有消费水平的评估（确切地说，我们认为需求不足，特别是强力机关和部门）、对汽车业发展和现代化高速公路建设的预测等。将这些预测和评估综合起来就有理由确认，当前对机器燃油的需求要比此前认为的多，而且不是相对的，是绝对的。

电力需求将快速增长——2020年将比现在多25%~39%。但在这一时期内，国民生产总值中的电力比重将系统性下降。

《能源战略》预测的对中央供热的需求增长十分平缓：到2020年仅比2000年增长18%~25%。这与经济结构的变革、与挖掘节约热能潜力和优先发展独立能源有关。

上述时期内的区域性能源需求结构不会有本质变化。一次能源的需求大户仍然是伏尔加河沿岸地区和中部地区的联邦区（分别为约22%和20%），以及西伯利亚和乌拉尔联邦区（分别为18%和17%）。西北和南部联邦区总的内部需求比重均将达到9%~10%，而远东联邦区约为5%。

由此可见，像我国这样大的经济规模，其能源消费结构具有相当的惯性，因为经济结构本身就具有相当惯性。15~20年间的能源消费结构基本不会发生变化，除非发生某些经济动荡、经济危机、战争等类似事件。如20世纪90年代俄罗斯发生的国家社会经济变革，不仅减少了能源需求的绝对规模（从1990年的12.68亿吨标准燃油，下降到2000年的9.04亿吨），而且改变了其消费结构：天然气比重从41%~42%增长到49%~50%，原油比重相应减少。因此，当媒体上说，《能源战略》认为天然气比重应当减少，煤炭比重应当提高的时候，这固然没错，但并不完全如此。重要的是，《能源战略》指出了这种趋势。而且，《能源战略》还提出了目标任务——克服国内能源市场对天然气需求不断增长的负面因素，通过以煤代气（煤炭增长速度从19%提高到20%）和使用非有机燃料及可再生能源（其比重从10.7%提高到12%），以及主要是依靠核电的快速发展，将天然气在整个能源消费结构（包括对发电和供热的消耗）中的份额，从目前的50%减少到2010年的48%，到2020年再减少到46%~47%。即便如此，我们也只是将能源消耗结构改变几个百分点而已，这种结构的整体变化就更慢了。

内部能源需求的规模和结构是按照一次能源的结构和规模预测的。可以看出，俄罗斯燃料—能源平衡的基础依然是天然气。天然气是主要能源，而天然气行业是主要行业，特别是对内需而言。能源战略明确了目前的发展趋势，即石油行业主要是为国际市场服务（根据2002年的统计，为外部市场供应的石油，包括成品油，几乎占全国开采量的72%）。《能源战略》预测，这一比例将一直保持到2020年。与此相反，天然气主要成为内需能源，如上文所说，目前天然气在内需能源中的比例占到约50%。按《能源战略》的预测，到2020年这一比例应下降到46%~47%，也就是说，几乎与当前水平相差无几。因此，《能源战略》

为上述时期明确了两个优先发展方向：石油用于出口，供应外部需求，天然气用于内需。

4. 俄罗斯经济中的油气综合体

作为俄罗斯国民经济最重要的组成部分，燃料能源综合体以及综合体中的石油和天然气行业确保了国民经济生活所有领域正常运行，保证了俄联邦各主体团结一致，对于国家主要财政经济指标具有决定性的意义。特别是在改革时期，为保证社会经济蓬勃发展，它们发挥着举足轻重的作用。石油和天然气工业以及燃料能源综合体其他部门的发展成果对于俄罗斯实现国际收支平衡、维持卢布汇率稳定、开展国际经济合作发挥着极其重要的作用。

在燃料能源综合体向俄罗斯联邦预算和国家统一预算缴纳的税收收入中，油气综合体占据最重要的比重，国家全部初级燃料能源的80%来自该领域，股份公司和国有石油公司是俄罗斯国内最大的企业集团。

与世界上大多数国家不同，俄罗斯油气综合体传统上是由两个独立的行业——石油行业和天然气行业组成。这种划分在油气综合体改革中仍旧保持，因此，今天在俄罗斯纯石油股份公司和纯天然气股份公司占多数，只是在最近一段时间，出现了石油公司和天然气公司业务领域相互渗透和交叉的趋势。

目前俄罗斯石油行业主要有10~12家大型垂直一体化石油公司，产量占俄罗斯石油开采总量的70%~75%，加工量的65%~70%。

“俄罗斯管道运输公司”（百分百国有控股）负责原油长输管道运送，“俄罗斯成品油管道运输公司”（百分百国有控股）负责发动机燃料（汽油、柴油和航空煤油）长输管道运送。

“俄罗斯管道运输公司”和“俄罗斯成品油管道运输公司”是自然垄断者，由联邦能源委员会代表国家管理其业务。

“俄罗斯天然气工业开放股份公司”是世界上最大的天然气公司，在其统一的技术管理体系中，旗下42家子公司有机协作，业务涵盖322个气田开发和15万公里的天然气长输管道运营、21个地下储气库、6个天然气加工厂。

根据俄罗斯立法，天然气运输被归入自然垄断范围。

“俄罗斯液化天然气运输公司”是一家国有企业，负责液化石油气的采购、运输和销售。

“俄罗斯燃气化股份公司”从事低压天然气管道建设，以及为消费者（首先是公共事业领域）安装天然气利用设备。

俄联邦燃料能源部邀请众多学者以及科研机构和燃料能源公司的专家，共同编写了《俄罗斯油气综合体发展基本指导条例》，并于1999年10月由俄联邦政府批准通过。该条例规定了油气综合体在俄罗斯国民经济中的作用，表述为：“多年来，油气综合体一直负责国家主要的能源供给，是国民经济最重要的领域之一。今天，油气综合体为国家提供初级能源消费总量的2/3以上，以及初级能源产量的4/5，是国家税收收入和外汇收入的主要来源（约占联邦预算收入的40%和统一预算的20%），油气综合体在俄罗斯工业产值中占12%，就业人数占3%。”

油气综合体在俄罗斯经济中的作用显著提高是在20世纪90年代，主要是由于其产品在当时具有很强的竞争力，油气综合体的产量的下降幅度远远小于国民经济其他领域以及经济总体的下滑水平。

油气综合体对俄罗斯经济所谓的间接影响也非常巨大，主要体现在对与其相关的国民经济其他领域的发展所产生的巨大的推动作用。在《俄罗斯油气综合体发展基本指导条例》中有关这一间接影响的计算如下：

——油气综合体额外生产1卢布，国内生产总值增长1.5~1.6个卢布；

——油气综合体额外投资1卢布，国民经济增长1~2个卢布或更多（主要取决于油气项目的类型——油气田开发、管道建设，以及其他）；

——通过实施一系列油气项目发展油气综合体对国家的间接影响（确保对关联产业产品的需求有支付能力，这些关联产业接续产生一系列税收、社会影响等）是其直接影响（开采出的石油及其税收）的两倍甚至更大；

——通过实施油气项目，直接创造新的就业岗位，相应地工业和消费领域出现新的需求，确保间接就业数量的增长，这种间接增长超过油气项目本身直接就业增长量数倍；

——国家通过发展油气综合体获得的主要成效不是在“开采”地区，而是在“机械制造业”地区。对一些具体项目的核算表明，通过实施一系列新的油气项目，俄罗斯国家获得的总体成效，即直接的加上间接的效果在联邦预算、开采地区预算及机械制造业地区预算之间的预算分配比例分别为20:30:50 到 30:30:40（陆上项目）和40:20:40 到 50:20:30（大陆架项目）。

由此，从国家的角度出发，发展油气综合体的主要经济目标是：

——在稳定、畅通并且有经济效益的条件下，向国内有支付能力需求供应石油、天然气及其加工产品（油气综合体 = 碳氢化合物供应实体）；

——在有经济效益的条件下，向国外有支付能力的需求供应石油、天然气及其加工产品（油气综合体 = 外汇供应实体）；

——确保稳定的预算税收收入（油气综合体 =纳税实体）；

——产生对俄罗斯经济关联产业——加工领域、服务领域等的产品有支付能力需求（油气综合体＝对其他领域商品和服务有支付能力需求的主体[来源]）。

效益良好、有竞争力的油气公司是推动油气综合体实现上述发展目标的推动力，国家应该对综合体的管理采取灵活的管理体制，留给这些油气公司足够的经营空间，公司能够根据迅速变化的经济形势及世界商品和投资市场的行情调整经营策略。油气综合体的产品（石油、天然气及其加工产品）应在国内外商品市场中具有竞争力；与其他潜在投资客体相比，综合体自身及其经营主体应在国内外投资市场具有竞争力。

建立国家油气综合体经营管理和调节体系也具有重要意义，但是在改革期间，作为俄罗斯经济财政收入主要来源的领域之一，油气综合体，其管理和调节体系最终没有建立。因此，在国际油价下跌时，油气综合体不仅无法成为联邦预算稳定的收入来源，而且也不能抵挡外界因素的影响，自身也陷入危机状态。

在20世纪90年代的形势下，油气公司通常不惜任何代价力图实现利润最大化，他们的利益与国家利益存在严重分歧，造成综合体的再生产流程被破坏，挫伤了投资积极性，导致国内市场成品油价格疯狂增长。

这导致对能源安全和国家安全的威胁加剧，其中包括，油价上涨，供应北极海地带和远东地区武装力量和农业所需的原油和成品油无规律和经常中断等。

国家制定的目标和石油公司的商业目标之间存在矛盾，导致石油开采和石油加工领域出现巨大的失衡。由于暂停实行私有化措施，许多石油公司没有明确的发展规划，石油加工和石油化工企业开工不足，行业科学管理举步维艰，相应地，削弱了统一科技政策执行的监管力度。

对石油天然气综合体采取极端的税收重压和严格的监督政策，导致从产品销售中获得的收入连支付税收、工资及生产支出都不够，更不要说投资和维持油气开采水平了。此外，税收的很大部分，首先是消费税率，并不取决于企业的经营业绩，而是固定的。

截至1998年，石油天然气综合体变成向国内外贷款机构融资最多的借贷方。

还在1997年国际油价高位时，为了结清预算，石油公司不得不向外国银行贷款，以未来原油开采达到2000万吨作为抵押担保。

1998年，由于国际市场石油价格下跌，石油公司财政赤字急剧扩大，俄罗斯银行金融系统出现的危机导致油气领域所有的企业陷入亏损。

1999年国际油价增长，2000~2001年油价维持在高位，许多尖锐的问题被抚平，但是并没有清除掉（也无法清除掉）这些问题出现的根由。其中包括，即使在通过油气出口获得巨额资金的情况下，开发新的油气开采区块的施工量实际上仍然缩减了。石油公司，包括一些最大的石油公司（鲁克公司、尤科斯公司等）纷纷减少了预计未来5~7年以上才获得收益的项目投资。

以产品分成协议为基础的项目实施存在很多严重的问题，一系列必要的标准法律文件迟迟未出台，一些项目直到现在仍没有走出讨论阶段，这造成俄罗斯每年损失投资20亿~30亿美元、就业岗位几万个、国内生产总值增长减少70亿~80亿美元。正在萨哈林大陆架实施的一些项目，实际上直到现在国家仍没有足够的资金为自己参与的份额拨款。

这一切足以证明，在世纪之交，国家实际上对油气综合体已经失去了协调和管理职能。关于这个问题，著名德国专家——世界能源委员会执行大会主席Г.奥塔曾在1995年作出过一段非常精彩的描述:“我不知道除了燃料能源行业，还有哪个行业会让西方市场经济国家采用过去对经济实行中央集权管理的国家才会经常采用的方式。”的确，由于燃料能源综合体发展了一部分国家基础设施，并与国家安全密切相关，这种行业常常受到政府的干预。因此国家管理与市场经济应被视为互补的系统而不是矛盾的系统。对于不同的国家，二者之间正确的相互关系应该是不同的，这取决于每个国家的发展水平。但是始终应该力求达到如下目标：在尽量小的国家调控框架内获得尽可能大的主动性和责任。

经验与时俱进。2000年国内开始的改革进程使人们有理由希望，国家和经济的相互关系也将发生必然的变化。因此，在2000年11月，俄联邦政府批准通过了《2020年前俄罗斯能源战略基本原则》，该文件强调:“俄罗斯能源战略的出发点是，为了继续深化社会经济改革、战胜危机、社会转入稳定发展，同时兼顾到俄罗斯的地缘政治形势、历史经验及民族心态，必须建立强有力的国家政权。”

俄罗斯强有力的国家政权是民主的、法制的、有活力的联邦国家。正是这样的国家要成为经济和社会改革有效的协调人、确定社会发展最佳的目标和指数、为目标的实现创造条件并建立相应的机制。

在分析俄罗斯燃料能源行业及其结构时，石油和天然气在国家燃料能源综合体中的重要作用格外明显。20世纪80年代，行业发展有两个主要方向:

- 能源消费和生产增长（从1980年的11.1亿和14.3亿吨标准燃料到1990年的14.28亿和18.62亿吨标准燃料）;
- 天然气生产和消费绝对量增长（在行业中的比例相应地增长）。

1980年国内天然气生产2540亿立方米（占燃料开采总量22%），1990年生产6406亿立方米（占40.2%），即在上述期间内天然气开采量年平均增长达14.4%。

20世纪90年代，尽管能源生产和消费量总体缩减（包括天然气），但是天然气在俄罗斯燃料能源结构中的比例大大增加，与此同时，石油的比例不断减少。天然气在锅炉燃料消费结构中占据特别重要的位置。

在改革时期，天然气工业是俄罗斯经济最稳定和最有效的领域，如前所述，天然气工业约占50%的国内能源消费，20%以上的外汇收入，25%的联邦预算税收收入。俄罗斯有8000多万居民使用天然气，是上万家工业企业和农业企业能源消费的基础，国内42%以上的电能和66%的热能是依靠天然气转化的。

石油工业和先前一样对国家经济依然具有重要的意义。包括原油和成品油长输管道运输，这个领域生产12%~14%的俄罗斯工业产品，16%的联邦预算收入（2000年是17.6%）和13%~15%的统一预算（2000年是16.3%），以及30%的国家外汇收入（2000年是35%），为各经济领域和国内居民提供多种的燃料润滑材料和石油化工原料。俄罗斯的石油开采和加工业属于社会生活保障最重要的流程环节——从普通的能源供应到产生对其他经济领域的商品和服务有支付能力需求，同时，也奠定了石油领域在能源安全和国家安全体系中的地位。

5. 俄罗斯油气综合体的资源基础

矿物原料基础是确定整个俄罗斯燃料能源综合体状况、潜力和发展远景的最重要的因素之一。

如前1.所述，按照地质储量，俄罗斯在世界上占据重要地位。在合理开发的情况下，俄罗斯不仅可以完全满足国内燃料能源需求达数十年，而且，其中大部分还将出口到国外市场。

根据类似的数据，在社会上和经济界普遍存在一种相当错误观点，认为国家原料保障程序非常高甚至过剩。同时，常常在潜在的地质储量和具体的即将枯竭或可利用的自然资源储备之间画等号。这种歪曲的观点破坏了自然资源的研究、再生产、利用和保护整个技术循环系统。如果这种趋势再保持5~10年，国内一些备用的自然资源将耗尽。即使在自然资源潜力巨大的情况下，这也将催生能源危机。此外，对自然资源未给予充分的关注会导致也已经正在导致最好的资源遭到高强度开发，而不是通过再生产弥补性开发，给后代带来无法补救的损失。这个问题也涉及燃料能源，包括碳氢化合物原料资源。

还有一个与俄罗斯有丰富的燃料能源储备有关的问题。这个问题就是资源在境内分布极不平衡。89%以上的居民和经济潜力集中在国家的欧洲部分（包括乌拉尔），而80%以上的燃料能源资源分布在西伯利亚和远东。此外，约80%的已勘探油气资源和半数的煤炭储备分布在西西伯利亚，而在俄罗斯的大部分领土还没有油气发现，并不是因为这些地区没有，而是由于对这些地区的地下资源研究力度不够。到目前为止，俄罗斯的欧洲部分和西西伯利亚地区石油勘探程度达到65%~70%，天然气达到40%~45%，而国家的东部地区仅勘探了6%~8%，沿海大陆架1%。季姆河一伯朝拉河流域、东西伯利亚和远东地区、北极海大陆架地区的前景预测资源储量的研究和开发程度是最少的。根据不同的估测，在这些人迹罕至的地区，占可预测石油储量的30%到50%，占天然气储量的60%到80%。

俄罗斯拥有巨大的碳氢化合物资源，可预测石油储量为440亿吨，天然气为127万亿立方米。

石油和天然气资源分布的地域结构显著不同，可预测石油储量中陆地占主导（约占3/4），可预测天然气储量则是陆地和大陆架各占一半。

在乌拉尔和西伯利亚两个联邦区，石油资源储量约占60%，天然气为40%。其他的地区中，远东资源量比较突出，集中了6%的石油预测储量和7%的天然气。

按照探明石油储量，俄罗斯已进入主要石油开采国家的行列，国内已发现2232个油田、油气田及凝析气田，其中1235个正在开发。俄罗斯约80%的石油探明储量分布在采油基础设施发达的陆地地区，其中大部分集中在140个大油田中的11个超大油田。77%的石油储量集中在已开发运营的油田。这些油田位于俄联邦37个主体，但主要集中在西西伯利亚、乌拉尔、伏尔加河沿岸和国家欧洲部分的北部。

需要指出，根据美国地质管理局2000年对俄罗斯石油储量的重新评估结果，俄罗斯的石油地质储量增加到1370亿桶，勘探储量跃居世界第二位，仅次于沙特阿拉伯之后。

但是碳氢化合物矿物原料基础的现状呈现出石油勘探储量下降，再生产速度缓慢。地质勘探工作量无法确保油气工业矿物原料再生产，在中长期特别是在石油开采快速增长的条件下，这将会给国家能源和经济安全带来损失。石油勘探储量结构继续恶化，超前开发一些最赢利的油田油层，最后导致后备储量主要集中在中小油田，其中大部分是开发有困难的。

由此，自1992年地质勘探工作巨量下降后，从1994年储量停止增长，到目前为止，全国石油勘探储量总体减少了15%以上。地质勘探工作量的缩减是造成储量低水平增长的首要因素。俄罗斯普查勘探钻井量从1991年420万米下降到2000年的120万米。如果说在80年代，每年对500多个前景油气区块开展普查钻井工作，那么到2000年区块的数量缩减了60%。

准备投入开发的碳氢化合物储量的实际情况也不容乐观，

1991~1995年期间未证实的石油和凝析油储量为18.2亿吨（该期间储量增长20.8亿吨，开采增长22.7亿吨）；1996~2000年期间，为10亿吨左右（储量增长11.6亿吨，开采增长14.9亿吨）。

由于资金大量缩减，各联邦主体之间缺乏有效的地质勘探工程资金分配机制，石油地质勘探工作量减少了3/4，造成储量增长不足。结果导致主要的地质勘探工作量集中在西西伯利亚和乌拉尔—伏尔加河沿岸石油资源勘探程度已经非常高的开采区，而在东西伯利亚极具前景的地区，石油地质勘探工作实际上停止了。

此外，俄罗斯石油开采工业的原料基础呈现质量不断恶化的趋势。目前已发现的油田通常属于小型和非常小型的油田，平均储量约100万吨。各油公司都忙于开发高产油田（占公司业务的45%），造成这些高产油田的储量比例下降，难开发的资源储量比例增加。在整个石油储备结构中，难以开发的储备比重已经达到55%~60%，并在继续增长（据专家预测，到2010年，这一比重将达到70%）。

要开采已开发油田的剩余石油储量以及投入运营的新油层，不能沿用传统的开发系统，必须采用其他的开发技术，并投入大量的资金和物资。

大多数石油公司的业务结构中乐观（高产）储备的比重占45%，并随着这些高油量储备的采空，这一比重将不断降低。总的来说，呈现出乐观储备供应减少和难以开发储备供应增加这种鲜明的依存性。如果说在1975年，乐观储备占初级开发储备的87.6%，难以开发储备占12.4%，那么20年后，这一比重相应是70.4%和29.6%，也就是难以开发的储备增长了将近两倍，其中，几个主要石油公司乐观储备的供应能力区间是20年到75年，难以开发储备是30年到100年。

随着石油储量采空度提高，油井出油量不断下降，开采出的原油含水量增加，提取速度减缓。在最近20年来，已开发油田的初级石油储备的采空度增长了1.5倍，到1994年平均达到了48%。在这种情况下，一些高产量的超大型油田的采空度大大提高。

正在开发的70%以上的石油储备分布在低油量的油井，在这种情况下，石油开采本身就处于赢利的边缘（油价高——开采赢利，油价低——就没有利润）。还在10年前，投入开发的油井中，出油量小于25吨/日的储量比重约占55%，而今天占这一比重（55%）的是出油量小于10吨/日的油井储备。国内已开发的油田中有1/3以上含水率超过70%。

超前开发含油量高的储备导致低油量储备和难以开发的储备增加。正是从这里诞生了一个概念——“难以开发的”石油储备。在应用标准开发技术（岩层注水）时，对处于相同的开发油层阶段，难已开发的石油储备提取速度要比普通的“乐观”储量提取速度低3/4到4/5。对于难以开发的储备目前还没有有效的开发技术。

如前所述，俄罗斯天然气探明储量居世界首位（46.8万亿立方米，占世界探明储量34%以上）。国内已发现和勘探770个气田，其中400个已投入开发。

已探明的天然气储量主要集中在西西伯利亚（77.4%），具有非常明显的分布高度集中的特点：97%以上的储量集中在22个超大气田和104个大型气田，只有2.8%的探明储量分布在一些（约650个）中小气田。主要的天然气开采区是乌连戈伊、扬堡、梅德韦日耶等气田（亚马尔一涅涅茨自治区）、奥伦堡气田和阿斯特拉罕气田。

总的来看，51%的已探明天然气储量集中在油气基础设施发达的陆地地区，其中已开发的气田占46.6%。

俄罗斯国内初级天然气地质储量预计达236万亿立方米，平均勘探为24.6%，在不同地区这一指标变化区间从0到70%~81%。

预测天然气资源储量主要分布在西西伯利亚和东西伯利亚，远东，喀拉海、巴伦支海和鄂霍茨克海的大陆架。

在评估已探明天然气储量的供应能力时需要指出，在整个储量中，纯能源天然气或燃料天然气（甲烷气、无硫气）的比重仅占55%，主要集中在西西伯利亚气田和巴伦支海大陆架的施托克曼气田。

可以通过开发一些已勘探的气田来补偿西西伯利亚超大型和大型气田天然气开采量下降的问题，这些气田包括：扎波利亚尔内、佩斯措夫、亚姆索维、哈尔乌京、西塔尔科萨林、东塔尔科萨林、古布金、南俄气田等（天然气总储量达7万万亿立方米），以及初步预测的鄂毕湾和塔尔湾气田（前景预测资源量接近6万万亿立方米）。到2010年，未来需要开发一系列大型和超大型气田以及西西伯利亚的生产深层，这些大型和超大型气田包括博瓦涅科夫、维冈亚亨、叶藤—普罗夫、别列果夫、克鲁杰士杰尔诺夫、尤尔哈洛夫气田，天然气总储量约6.2万万亿立方米。

储备气田主要包括位于亚马尔半岛和格达半岛上塔姆别—马雷京集团的气田以及位于北极海大陆架已勘探的大型和超大型气田（列宁格勒气田、卢萨诺夫气田、列多沃伊气田等）。但是，上述所有气田以及仍暂未勘探的天然气资源中绝大部分（将近70%）分布在地理位置较远、基础设施保障匮乏的地区，基本蕴藏在地层深处（3公里以上），与已开发的气田相比，总体上工业开发的经济效益不高。

新版的《俄罗斯能源战略》（2003年）指出，国内的天然气储备结构比石油储备结构形势要乐观，但是也出现了地质条件复杂和难以开发的储备气田比例增长的趋势。这些储备气田的开发问题与一系列因素有关，其中包括：蕴藏在地层浅处正处于工业开发的高产气田减少、自然气候条件复杂、未来的大型天然气开采中心与已形成的天然气工业发展中心（东西伯利亚和远东、亚马尔半岛、巴伦支海、喀拉海）距离遥远、未来几年出现低压天然气巨型储量的前景、已探明储备气田中富气、凝析气和含氦气（为了有效开发这些气田需要建立天然气加工基础设施）比例增大。

西西伯利亚是俄罗斯主要的天然气开采区（梅德韦日耶气田、乌连戈伊气田、扬堡气田），该地区已开发的主要气田采空度达55%~75%，已经进入或在未来几年即将进入开采量下降阶段。

在这种情况下，能源战略理所当然非常重视及时储备待开发资源量的必要性，以保证达到指定的油气开采水平。

对石油、天然气和凝析气预测资源量进行分析研究，并将其合理纳入工业开发是俄罗斯油气开采原料基础的基本发展战略。根据这些预测资源量的地质经济参数，专家们将其分为三类：

第一类是勘探程度高的地区的资源，如北高加索和伏尔加—乌拉尔地区（63%~67%）、西西伯利亚的个别地区、俄罗斯欧洲部分的北部。

第二类是有可靠的地质—地理数据依据，高度集中在地层深度可及的大型项目区域内。属于这一类的预测资源有：北部未开发的地区和西西伯利亚沿叶尼塞河地区、东西伯利亚研究深入的地区（巴基茨基油气产地和涅普斯科—波图奥宾油气产地）、巴伦支海和鄂霍茨克海大陆架的大部分资源。

第三类通常是不确定性高、密度低且不能满足赢利指标的预测资源，主要包括：远东地区大部、北极地带的东部、研究程度较少的俄罗斯中部地区。

在分配普查—地球物理勘探工作量和深度普查勘探油气钻井工程量时，应确保上述三类预测资源的开发目标均衡实现。

《能源战略》规定，确定必要的碳氢化合物原料地质勘探工作量、落实这些工作量的计划、按照油气省和联邦区分配工作量，应考虑到普查勘探工作的自然进度和碳氢化合物总资源量勘探程度对备用储备的影响。

根据所确定的燃料资源开采水平，俄联邦地下资源许可证应确保2020年前矿物原料资源量扩大再生产，石油储量增长75亿~100亿吨，天然气增长11.2万亿~18.8万亿立方米。

在这种情况下，主要油气开采区地下区块潜在的资源储量和已分配的资源量可以确保在未来10~15年矿物原料基础再生产不超过30%~40%，剩下的储量应该是在俄罗斯新的地区和水域增长。为实施扩大矿物原料基础再生产的计划，必须对在俄罗斯境内和水域的地下区块颁发许可证领域采取积极的政策。其中包括，预计到2020年，目前暂未发现的东西伯利亚和远东地区的油田的石油储量增长10亿~12亿吨。

自然，为实现国内资源量整体增长，必须开展大量的地质勘探工作。

2020年以前的这段时间，西西伯利亚、勒拿河—通古斯卡河和季姆河—伯朝拉河等油气区将是碳氢化合物原料增长的主要地区。

对位于北极海、远东海及南部海域大陆架上的油气田进行勘探开发是俄罗斯油气工业原料基础发展最具前景的方向之一。

根据目前的评估，俄罗斯海域碳氢化合物初始可采资源总量近1000亿吨石油当量（其中160亿吨石油，82万亿立方米以上天然气）。它们分布在16个大型海上油气区和油气盆地。其中大部分（约66.5%）位于北部海域（巴伦支海、伯朝拉河和喀拉海）。俄罗斯大陆架碳氢化合物初始资源总量勘探度不大，大部分地区勘探度不超过9%~12%（只有里海石油资源的勘探度接近14%，而里海大陆架的天然气资源勘探度则接近20%）。

考虑到石油和天然气可预测资源量的地理分布因素和地质—地球物理研究程度已达到的水平，根据能源战略，预计2005~2010年之后，位于巴伦支海、喀拉海、鄂霍茨克海，以及里海的俄罗斯部分的碳氢化合物勘探储量将快速增长。

与此同时，出于延长油气开采老区“生命”的必要性和可能性的考虑，应该在原油开采量下降的油气区——伏尔加—乌拉尔和北高加索油气区继续勘察新的油气田。

《能源战略》将完善立法基础与提高地下资源利用实践经验列入建立油气综合体必要的物资原料基础最重要的任务之一。首先这更容易获得资源地质研究许可证，以及兼有资源地质研究权和在生产商传统业务地区油气田开发权的许可证，吸引投资进入地质勘探生产领域，提高原油、游离气和凝析油储量的增长水平。

6. 俄罗斯油气综合体现状

目前，俄罗斯的原油开采业呈现出高速增长的态势，大大超出几年以前所作出的预测，对于许多人来说是一份真正的惊喜。但是仍然需要提醒一下，还在不久前——尽管已经是20世纪，苏联（俄罗斯是其权利继承者）生产原油6.24亿吨/年以上，比沙特阿拉伯2000年的产量高出40%。而目前俄罗斯境内原油和凝析油开采量仅为5.7亿吨/年。

因此，俄罗斯油气综合体的专家认为，最近几年所取得的成就并没有填补上之前所失去的位置。

造成原油开采量快速增长的原因很多，但主要是以下几个因素：

——奠定的立法基础；

——20世纪90年代初所进行的行业改革并组建了一些大型垂直一体化的石油公司；

——创造了俄罗斯国内良好的投资环境；

——世界市场可喜行情和国际油价较高。

正是这些原因引起石油领域投资增加，特别是在原油开采领域。仅在1999~2001年期间，投资增长了1.3倍。

2002年，石油行业投资额继续保持高量，也为未来几年打下了必要的储备基础。此外，今年几家大石油公司都准备继续加大对石油行业发展的投资（鲁克公司——24亿美元，其中73%用于原油开采和油田开发；尤科斯公司——14亿美元，秋明石油公司——5亿美元，等等）。

投资的增加带来钻井、新油井投入运营以及对闲置油井大修工程量的增长。整个2001年，正在运行的油井的使用资金增加了3.3%（2000年增加了2.6%，1999年增加了12.7%）。2002年，油井投入资金增长趋势大大减缓，但是，通过提高已有的资金利用率、采用现代油层压力法提高采收率，产油量增长的趋势越来越明显。

正是依靠这些方法，2002年各大石油公司——尤科斯公司、鲁克公司、苏尔古特公司原油产量大幅增加。鞑靼石油公司依靠这些方法近年来不仅实现产量全面增长，而且保持了已达到的开采水平。

这样，最近1.5~2年俄罗斯国内原油开采量增长主要不是通过开发新油田，而是依靠现代油层压力法。

世界石油工业发展证明，油层压力法可以使早前不赢利的油层、油井和整个油田投入使用，是原油开采强化和资源基础扩大的重要因素。油层压力法不仅给予个别油田“第二次生命”，也挽救了各油气区。也正是在这个意义上，上述的增长趋势证明国内石油行业是优质增长。只是问题在于油层压力法能够延长油气区的生命，但是却不能使它永生。因此，还是需要新的油田、新的区块、新的油气区。

这个现象的背后是什么？当然，首先是俄罗斯石油工业优质变化，石油工业变得更加有效、更加活跃。根据几家大公司的数据，可以说，在最近两三年里，俄罗斯原油开采费用缩减了30%~60%。

需要再次强调，俄罗斯近几年原油开采的增长和石油行业效率的提高主要集中在正在运行和早前开发的油田、已建基础设施的地区，因此，相对于这种增长来说，投资需求非常低。

随着原油开采量提高，原油出口量开始扩大。根据初步的数据，2002年原油出口达1.83亿吨，其中3300万吨出口到乌克兰、白俄罗斯和哈萨克斯坦，其余的1.5亿吨出口到非独联体国家。与2001年相比，出口增长2600万吨。

俄罗斯还是世界上最大的成品油出口国之一，2002年，成品油出口达历史最高水平——近9000万吨。

前文已经谈到，石油行业是俄罗斯经济最重要的出口导向型行业。向外部市场供应原油和成品油是俄罗斯的传统，已有上百年的历史。但是，在改革前的俄罗斯（沙俄帝国、苏联时期），石油行业主要是为满足国内液体燃料需求。

如前所述，2002年，俄罗斯原油开采3.796亿吨，其中，约1.83亿吨原油和9000万吨成品油装运出口，这样，用于国内消费只剩下1.07亿吨。即使最保守的估计，在俄罗斯能源消费中，国产石油仅占28%以上，需要指出，还在1995年这个指标是49%，类似1990年的水平，差别仅仅是1990年从俄罗斯流出的2.66亿吨液体燃料中1.54亿吨进入独联体国家——苏联的其他共和国，还称不上出口。

因此，90年代后半期（准确地说是1997~1998年），石油行业出现了质的转折：每开采出三吨石油中有两吨（后来更多）用于满足国外用户。

类似的变化通常解释为，国内液体燃料市场完全饱和，用于出口的是“过剩的”石油。但是真实情况是这样吗？被公认为是海军强国的俄罗斯，当它的海军“忘记了”远航，当俄罗斯空军的飞行时间是美国同行的1%，当莫斯科市警察局对汽油设定限额，比应该配备的消费量减少20%的时候，是否可以认为俄罗斯国内对成品油的需求已完全被满足了呢？还有其他的强力机构、预算机关，还有农业存在的种种问题……如果说“消费者”没有钱，也就没有消费需求，这种看法可能更容易理解。但是世界银行枯燥无味的数字显示：俄罗斯的劳动生产率仅为美国的40%，工资水平仅为美国的1/35！

俄罗斯有潜力继续扩大原油出口（关于这一点将在下文再次阐述），但是这需要额外提高现有的输油系统和出口终端设施的输油能力，在国家的北部和东部修建新的输油系统和出口终端。

外部市场可喜的价格行情加上国内经济发展的积极因素，最近两年来，使俄罗斯油气行业潜力提高到3.8亿~4亿吨/年石油（包括凝析油）。这造成了某种错觉，似乎油气行业的主要问题都已解决，可以指望行业持续发展。这样，预计在2003年俄罗斯原油量开采可以达到4亿~4.2亿吨，2005年可以达到4.5亿吨规模，2010年前不排除达到5.5亿~5.7亿吨/年的可能。诚然，也有较为谨慎的预测。

这些预测准确性有多高？是否有足够确凿的依据？俄罗斯能源战略正好对这些问题一一做出了回答。

在天然气领域，这些年来俄罗斯天然气开采业的发展进程完全不同于原油开采领域。

我们要重新提及：90年代大概是俄罗斯国家现代史最为复杂的时

期，天然气行业的表现被视为俄罗斯经济最稳定和最有效的领域，它确保了近50%的国内能源消费、20%以上的外汇收入和近25%的联邦预算税收收入。

天然气行业在较短的时间内就达到了上述成果。在50年里（1940~1990年）苏联的天然气开采量增长到270倍（达到8150亿立方米），在整个国家燃料能源生产结构中的比例从1%提高到40%，而煤炭的比例从50%下降到19%。

对于这一现象，国内外的专家给予了一致的评价：俄罗斯天然气工业的建立取得了规模上史无前例、深度上令人惊讶的全新工艺方式的突破，不仅在燃料能源综合体，而且在广泛的经济关联行业——从机械制造和冶金到运输和农业都引起了根本性的结构变革。这种突破在30年里不知不觉使我们国家的能源行业、重工业以及2/3国民（特别重要的是，其中包括3/4的农村居民）的日常生活发生了翻天覆地的变化。通过减少对自然环境，特别是大城市和工业中心的空气的污染，大大降低了居民的患病率和死亡率。

在几十年的时间里建立了世界上规模最大的天然气工业，统一供气系统涵盖了苏联和东欧各国一半的领土。尽管经历了社会经济制度崩溃、国家解体，以及20世纪末席卷欧亚地区的全球化进程和整个人类社会命运的转变，俄罗斯的天然气工业体系依然保持了自己独特的生命力和意义。

需要特别指出的是，俄罗斯天然气工业从最初就是作为统一的生产—技术综合体发展的。这样，造成俄罗斯的天然气开采实际上集中在一个地区（94%以上的天然气开采在秋明州）。在没有国际实践先例的情况下，统一供气系统经受住了俄罗斯建立市场经济关系的艰难时期，确保了将国家经济利益、人民利益和股东利益，以及希望供应稳定的天然气进口商的利益有机结合。

在已有的统一天然气生产一技术综合体和几个封闭的地区供气系统条件下，如果不开发新的气田、建设新的天然气管道，在大家都使用“一根管子”时，很难考虑培养来自独立单位之间激烈竞争的土壤。必须清楚了解俄罗斯天然气工业的这种特点，并且在制定关于天然气行业改革的任何计划以及关于建立天然气市场的任何方案时，一定要考虑到这个特点。

90年代初，俄罗斯的天然气开采最开始保持在很高的水平，然后开始下滑，到了世纪之交时实际上稳定在5810亿~5910亿立方米/年。2002年俄罗斯开采天然气5953亿立方米，其中俄罗斯天然气工业股份公司开采额约占88%，石油公司开采348亿立方米，独立生产商生产367亿立方米。

为了更好地理解天然气行业对于俄罗斯的意义，让我们简单回顾一下俄罗斯在20世纪90年代面临的一些社会经济问题。

首先需要指出，步入千年之交的俄罗斯面临着一个烂摊子：脆弱的国家政权，结构失衡、高耗、技术陈旧的经济，恶劣的商业和投资环境，以及一系列难以解决的社会问题，国民贫富严重分化，大部分居民收入极低，接近30%的人生活在贫困线以下。这就是改革时期、新的俄罗斯国家形成和国家经济根本性变革时期所付出的代价。

前文已经指出，俄罗斯国内经济已经形成极度的能源耗量大的特点，基于这种特点，在经济改革开始前，俄罗斯的工业生产就已逐步呈现出能耗高的结构，工业能耗高部门的科学技术日益落后。改革期间，由于国内一些能耗程度低的行业（机械制造、轻工业和食品工业）被挤出国内市场，能源利用的结构性因素加重，由于生产设备开工不足，生产领域的单位能源消耗增长。

通过对转型时期俄罗斯经济职能的分析，可以将其发展历史划分为以下几个主要阶段：

——90年代前半期，经济急剧衰退，社会经济危机加剧；

——1995年下半年至1996年，下滑趋势减缓，首次呈现相对稳定的迹象；

——1997年至1998年上半年，趋势拐点；

——1999年至2000年，经济步入新的稳定阶段，好转趋势加强。

在最初的两个阶段，国家经济体制本身发生了根本性的变化，随着生产资料的非国有化和私有化，包括小型经济在内的经营活动开始积极发展起来，国民经济呈现多元化发展的态势。逐步建立起产品销售市场、证券市场及其他市场机构。随着服务业在国内生产总值中的比重提高，国内生产总值的结构在某种程度上开始逐步优化。

但是，这些积极的变化都是发生在俄罗斯深刻的体制危机背景下，这场体制危机席卷了俄罗斯经济和整个社会。

随着苏联统一的经济体制解体为独立的经济构成成分，在所有新生的主权国家，其中也包括俄罗斯，之前已形成的经济联系和主要经济领域之间的重要比例遭到破坏，自然，这种比例失衡对整个再生产过程产生了毁灭性的影响。1996年俄罗斯国内生产总值仅达到1990年水平的58%。

随着国家金融体系崩溃、政府失去对货币流通的监管、价格自由化引起的通货膨胀成为整个经济过程和俄罗斯国内居民日常生活的主导因素，俄罗斯国内的生产结构发生了深刻的转变：转向优先发展原料行业以出口其产品，国产的食品、日用品和生活必需品被挤出国内市场，取而代之的是进口替代产品，这对国内的农业和轻工业带来了极其负面的影响。结果，1996年俄罗斯轻工业产品的产量仅为1990年水平的

13.4%，而燃料能源综合体的产量为66.1%。

一系列草率的行动导致出现了支付危机，国家无法获得正常的税收收入，政府预算收入基础受到破坏，并在很长的时间里处于预算赤字。经济非货币化、美元化方针以及资本从俄罗斯外流导致社会上出现了拖欠缴款、变相货币、易货交易等现象，成为了犯罪性的实物交换经济的基础和整个国家经济生活的主导。

俄罗斯居民生活水平急剧下降（仅在1990~1999年期间，下降了2/3），加速了社会贫富分化。生产活动深层次的激发劳动积极性的动机机制遭到严重破坏，诚恳劳动及其熟练程度和社会意义同工资水平、福利待遇和社会地位之间出现脱节。

在这种情况下，天然气——更准确地说，廉价的天然气成为了稳定整个俄罗斯社会的主要因素。至1992年底，工业产品价格与1990年相比增长了114倍，而天然气价格仅增长了9倍，截至1993年底，工业产品和天然气价格相应增长了1148倍和345倍。类似的情况持续了几年。结果是，截至1996年底，工业产品价格已经增长到约为1990年的14000倍以上，天然气价格仅增长为12500倍。相比之下，石油和电力价格在这一时期几乎增长到15000倍。

廉价的天然气和拖欠缴款的可能性（实际上可以逍遥法外）使得成千上万的生产企业得以保全，也保证了家庭供暖和几亿俄罗斯人生活下去的希望。

但是廉价的天然气和拖欠缴款为天然气领域出现投资赤字埋下了祸根，决定了俄罗斯天然气行业的现状和未来3~7年的发展前景。

事实上，低廉的价格完全是相对的。以美元计算的天然气中间价对于终端消费者在1995年为36.5美元/千立方米，1996年增长到48.5美元/千立方米，达到了苏联/俄罗斯国内天然气市场供应史上最高价格水平。在当时只有个别的消费者能够支付得起这样的价格，随着气价的上涨，拖欠缴款的情况也在增加。

据专家估计，截至1997年初，大量的拖欠款已经达到俄罗斯年国内生产总值的170%。拖欠缴款实际上已经成为大多数企业维持经营的财务工具。自然垄断企业（天然气行业也属于自然垄断企业）服务价格的超前上涨也决定了一个选择：无偿使用能源成为消费者资金来源之一。根据俄联邦燃料能源部的数据，用户拖欠燃料能源综合体的债务在1996年里翻了一番，1997年又增长了27%。拖欠天然气行业的债务在这两年里也相应增长了49.2%和30.3%。总体来看，在1997年中期，俄罗斯统一电力系统公司和俄罗斯天然气工业股份公司所承担的债务占俄罗斯燃料能源综合体行业全部债务的78%。

面对拖欠款雪崩式的增长，行业的反应是非常理智的，俄罗斯天然气工业公司发起倡议，准许各能源企业做出关于对那些曾与其签订定期偿还以前债务并按“以降价来交换支付担保”原则实行能源供应预付款协议的用户提供的能源降低价格的决定。

此外，1997年工业产品价格上涨了2.9%，石油加工和石油化工工业产品价格上涨了5%，煤炭工业上涨了3%，而向工业企业供应的天然气的出厂价格始终未变，向联邦电站供应的天然气价格甚至有所降低。

但是前文列举的数字并不能完全反映出天然气价格对天然气行业产生投资赤字的影响，因为还存在一个不容忽视的事实是，1994~1996年期间，天然气价格中税收部分的增长（从17%提高到60%，并且仅在1995年，天然气消费税从消费者批发价的15%提高到30%）引起国内天然气价格急剧上涨，因此，天然气价格的上涨没有也不可能（考虑到天然气价格的支付情况，甚至是理论上也不会）带来天然气行业企业的收入增长。

1996年底至1997年初，俄罗斯天然气行业的主要企业——俄罗斯天然气工业股份公司实行了一系列重大的结构性改革，改革的主要任务是，防止生产下滑和公司生产经营活动遭到破坏，提高与各级预算和消费者的结算效率，确保对受自然垄断法约束的各类生产经营活动进行有效调节和监管。

为保持天然气行业已达到的生产水平，提高天然气供应的可靠性，扩大未来3~4年（至2001年期间）天然气供应量，俄罗斯天然气工业实施了一整套措施：

——筹备开发亚马尔半岛新天然气开采区；

——开发纳德姆—普尔—塔兹地区的新气田；

——继续发展地下储气库，提高向国内外市场消费者天然气供应的可靠性和灵活性；

——在其他非传统方向，扩大利用压缩天然气和液化天然气作为发动机燃料；

——中央黑土地带及俄联邦其他地区实行燃气化，确保在地方农业和生态环境恶劣的工业中心提高使用天然气比例。

这些任务与总的宏观经济形势极其相适应，更确切地说，是与备受瞩目的宏观经济主要指标相适应。

1997年，俄罗斯国内生产总值的发展态势出现了转折——下滑速度减缓，逐步变为稳定，之后开始增长。与1996年相比，1997年国内生产总值增长0.8%（1996年国内生产总值下滑3.5%），占1990年国内生产总值的59.7%（可比价格）。国内生产总值增长的趋势一直持续到1998年初的几个月，到年中时停止增长，但是到同年8月份，爆发了最严重的危机。

1998年8月以后，俄罗斯国内经济和社会状况不断恶化：居民生活水平急剧下降，有支付能力的需求缩减；国家金融信贷体系和支付核算体系实际上已经崩溃；国际金融组织和许多国外伙伴都对俄罗斯失去了信任，而在国内，俄罗斯国民也放弃了对国家最后的信心。

早在危机发生之前的一年多时间，许多经济学家就曾经发出过警告，国家被排挤出经济领域，并且政府不作为，俄罗斯必将为此付出上述的代价。

缺乏明确的战略路线，国内外政策目标和优先发展方向模糊，给国家的经济和能源安全造成了严重的损失。

大量未解决的问题和迟迟未采取的措施不断累积，造成这样一种境况：如果不对国家整个经济方针做出实质性的修改，发生新一轮危机的可能性将是不可估量的。正如笔者当时指出[①]，需要立即采取措施，改变现有的各种经济机制，包括税收、价格及其他俄罗斯国民经济运行的宏观经济制度性条件。1998年底至1999年初，政府为解决这些问题所作的努力取得了成效，1999年上半年出现了一些好转的征兆："8月事件"引起的体制危机已度过最严峻的阶段，为活跃实业和其主要环节——工业，为促进消费者市场发生积极转变以及财政预算领域的规范化，在国民经济中奠定了必要的前提基础。

在接下来的几年里俄罗斯经济持续增长。但是俄罗斯社会经济发展的积极态势还不牢固、稳定，并且在很大程度上依赖于有利的对外经济行情（首先就是石油及其他能源的高价格）和持续到2002年中期的卢布贬值效应。

至1999年，支付危机成为俄罗斯经济生活的主要问题，投资活动和扩大再生产因此陷入瘫痪。特别是拖欠缴款的问题影响到了电力部门

① A.M.马斯捷潘诺夫:《俄罗斯能源政策的地区视角和对外经济视角》，莫斯科，全俄油气工业和管理、组织经济研究院出版社，1997年。

和天然气工业企业的正常运行。2000年，俄罗斯国内的支付状况稍有好转，但是在2000年12月末，应付账款仍然高达35150亿卢布（约1250亿美元），其中逾期款15720亿卢布（约560亿美元），应收账款高达24510亿卢布（870亿美元），其中逾期款9160亿卢布（325亿美元）。

2001~2002年期间，支付形势继续好转，这种好转在燃料能源综合体的财政状况中也有反映。总体来看，2001年初，综合体的应收账款达6547亿卢布（227亿美元），但是燃料能源综合体的企业和组织的应付账款继续增长：2000年初为6186亿卢布（217亿美元），2001年为7646亿卢布（266亿美元），2002年初为8404亿卢布（273亿美元）。2002年，拖欠缴款的数量出现新的增长——1~11月间，燃料能源综合体的应收账款增加了7.5%（俄罗斯工业整体增长12.7%），而应付账款增长了12.1%（俄罗斯工业整体增长11.5%）。

在天然气工业领域（不包括天然气管道运输），2001年初应收账款为523亿卢布（18.2亿美元），2002年初为569亿卢布（18.5亿美元），即年增长8.8%。2002年前十个月，应收账款增长47.5%，达839亿卢布（26.5亿美元）。天然气行业企业应付账款的数额大大超过了应收账款，至2001年初达到762亿卢布（26.5亿美元），至2002年初达到1354亿卢布，增长了77%。2002年前十个月，应付账款增长32.2%，达到1790亿卢布（56.4亿美元）。

作为俄罗斯国内能源供应的基础，天然气行业的财政状况始终非常不稳定，从能源安全的角度看，这个问题显得格外严重。天然气消费者拖欠的债务总额几乎与当时向俄罗斯消费者供应天然气一年的货款相当。

但是最主要的问题是，危机后的几年里，向国内消费者供应天然气的价格实在是太低廉，向国内市场供应天然气甚至无法保证企业达到“零”利润率。1998年，向俄罗斯终端消费者供应天然气的平均价格仅为22.9美元/千立方米，1999年降到10.2美元/千立方米，并维持在这一水平（2000年11.5美元/千立方米，2001年14.3美元/千立方米）。只是到2003年春季，天然气价格才提高到22美元/千立方米，保证了天然气行业向国内市场供应天然气不亏损（同时也不赢利）。

在危机后的几年里，对于俄罗斯的消费者来说，天然气仍是最便宜的燃料。

因此，在21世纪初，俄罗斯的天然气行业再次承受了国内社会经济改革带来的严重冲击。俄罗斯总统普京也承认这一点，他指出："很大程度上，正是因为俄罗斯天然气工业股份公司，我们才得以成功摆脱那场俄罗斯经历的旷日持久的危机。"[①] 但是，国家在调整天然气工业的功能时，可以说最后考虑的问题才是行业本身的发展。结果造成天然气工业积累了一系列亟待解决的问题，其中最明显的和对国家能源安全产生直接影响的首先是以下这些问题：

——天然气开采量下降。扎波利亚尔内气田投入运营只是暂时中止了这一趋势，如果国家对天然气行业的调整不发生质的改变，在不久的将来，俄罗斯天然气开采量必将开始下滑；

——生产成本上升和生产赢利下降。根据俄罗斯国家统计委员会的数据，1995~2001年期间天然气开采和运输成本增长了8.3倍（按照时价），其中仅在1999~2001年期间就增长了1.1倍。正如前文所述，只是到了2003年春季，向俄罗斯国内市场供应天然气（国家调控价）才实现了无亏损；

——俄罗斯天然气工业股份公司在行业中处于垄断地位，缺乏出现和发展新的大型天然气开采机构的条件。尽管有不少声音批评俄罗斯天

① B.普京:《俄罗斯天然气行业发展的关键任务》,《油气垂直一体化》杂志,2001年第8期。

然气工业股份公司经营“不透明”并且对天然气管道的使用采取歧视政策，甚至有声音呼吁公司应改革和拆分，但是，如果俄罗斯国内市场对于天然气生产商来说是亏损的，那么他们将放弃国内市场。只有在天然气业务开始赢利的时候，国内才有机会出现和发展新的天然气开采机构。因此，国家的主要任务就是为此创造条件。

2002年，上述任务没有一个发生质的好转，国外投资，包括来自欧洲——俄罗斯天然气主要进口商投资也没有增加。

7. 天然气行业发展预测

根据上述优先发展方向，《能源战略》确定了国家天然气长期政策的两个基本目标：

——确保满足俄罗斯经济发展对天然气的需求；

——扩大天然气工业运营和发展的有效性。

为了实现上述目标，《能源战略》规定：

——完善地下资源利用和税收体系，为扩大天然气开采、开发新气田（其中包括中小型和低产能气田，运营处于开发晚期和气层开发困难的气田）创造条件和推动力；

——通过发掘所有天然气市场主体（包括独立天然气生产商）的生产和投资潜能创造条件，确保天然气行业发展的良好模式；

——使俄罗斯出口天然气获利最大化，减少因转向欧洲天然气现货交易（从长远来看，经过一个交易商可以保证天然气出口统一渠道，确保俄罗斯的天然气在国外市场不与现行长期合同项目下的俄罗斯天然气竞争）而造成出口收入损失的可能性；

——国家支持互利的天然气进口长期合同，可以节约自有资源，提高向俄罗斯消费者、独联体国家及非独联体国家消费者供应碳氢化合物的可靠性；

——完善国家对行业的管理和调控；

——建立和发展现代天然气市场。

让我们简要地看一下天然气行业发展的主要参数和确定这些参数的一些因素。

确定行业发展的主要因素首先是国家的价格政策和税收政策、天然气竞争市场的建立和地下资源利用体系。

根据俄罗斯社会经济发展的各种方案，所预测的俄罗斯国内天然气开采量也相差甚多。如果综合所有利好的内部和外部条件以及各种利好因素（最优的和乐观的发展方案），至2010年，俄罗斯天然气开采量将达到6450亿~6650亿立方米规模，至2020年，提高到7100亿~7300亿立方米。

如果是保守方案，所预测的天然气开采量将大大缩减，至2010年达到6350亿立方米，至2020年达到6800亿立方米。

如果事态按照消极方案发展，俄罗斯天然气开采量将在未来几年开始缩减，至2010年稳定在5550亿~5600亿立方米/年。之后在第二个十年开始增长，至2020年达到90年代前半期的水平（6100亿立方米）。我们要看到，还在2002年初时，保守方案看起来比较具有戏剧性，但是国内天然气价格上涨的形势并不如2000年版的《能源战略》所预测的，导致2003年重新修改了之前所做出的估测。

将根据经济对能源的需求情况、国家对天然气价格调控的水平、投资额度和国内天然气市场自由化程度，以及天然气行业改革的速度，明确具体的天然气开采量。在预测天然气行业发展参数时，《能源战略》也考虑到这一点。

从远期前景来看，西西伯利亚地区是俄罗斯天然气行业发展的基础，如前所述，尽管这一地区的主要气田很大程度上已经开发，并且占目前俄罗斯天然气开采量的大部分：梅德韦日耶气田已开发75.6%，乌连戈伊气田开发了65.4%，扬堡气田54.1%。为了弥补这些气田天然气开采量下降，纳德姆—普尔—塔兹地区储量可观的最后一块气田——扎波利亚尔内气田于2001年投入运营，该气田在稳定开采期内最大年产量达1000亿立方米。

2002年，从天然气行业整体来看，俄罗斯80%以上的天然气是由已经进入减产阶段的气田生产。

《能源战略》特别关注亚马尔—涅涅茨自治区天然气资源的利用问题，这一地区是未来俄罗斯天然气开采的主要基地，集中了俄罗斯全部天然气储量的72%，而排在首位的就是纳德姆—普尔—塔兹地区。为了维持已处于开发晚期阶段的气田的开采量，以及采取措施利用这些气田剩余的低压气，要求采用新的技术工艺和投入大量的资金。2008~2010年期间，为弥补天然气开采量下降，主要依靠开发该地区新气田（主要包括塔兹州和鄂毕州地区）和预备开发已开采气田的新气层和区块。

天然气开采战略优先远景地区是亚马尔半岛和俄罗斯北部海域。由于该地区远离现有天然气管网系统，并且必须解决一系列最复杂的问题，包括在永冻土地带建设钻井和天然气作业设施、铺设天然气管道、采用新的能在北极地区复杂的客观条件下保护环境的技术工艺，因此开发这一地区气田需要大量的投资。因此，《能源战略》提出了在近几年内在亚马尔半岛建立研制处于极端复杂的气候条件下气田开发工艺的实验场的任务。

在国内外形势良好的情况下，西西伯利亚天然气开采量2010年将达到5650亿立方米，2020年达到5200亿~5400亿立方米。如果采取消极方案，亚马尔地区的天然气开采要推迟到更晚的时间，整个西西伯利亚的天然气开采总量将在这段时期平稳减产。

俄罗斯的欧洲部分，2010年前天然气开采量呈下降趋势，之后随着开发施托克曼气田资源，开采量开始增加。2020年前，在俄罗斯的欧洲部分预计开采天然气650亿~850亿立方米。伴随着该地区大型气田的陆续开发，一些所谓的“小型”气田也适当纳入开发。根据目前的评估，只有三个地区——乌拉尔、伏尔加河中下游及西北地区的气田可以每年获得80亿~100亿立方米天然气。

《能源战略》预测，东西伯利亚和远东地区的天然气开采量将快速增长——从2000年的70亿立方米到2020年的950亿立方米，甚至1100亿立方米。在该地区以及临近远东地区的天然气开采量增长将主要通过开发伊尔库茨克州的科维克金凝析气田、萨哈（雅库特）共和国的恰扬金油气田、克拉斯诺亚尔斯克边疆区的油气田，以及萨哈林大陆架的气田。发展该地区天然气工业将依据：

优先满足俄罗斯消费者对天然气的需求，为东西伯利亚和远东地区发展创造良好的条件；

协调和优化发展俄罗斯东部地区天然气工业，提高气田开发和天然气运输前景项目的经济效益；

通过扩建俄罗斯东部的统一天然气管网，提高俄罗斯天然气供应的可靠性。

在乐观方案下，东西伯利亚和远东地区天然气年开采量在2010年前将达到500亿立方米，2020年前如前文所述将达到1100亿立方米。在保守方案和悲观方案下，俄罗斯东部地区天然气开采量2010年前将低于250亿~300亿立方米的规模，2020年前将低于550亿~950亿立方米的规模。

相应地，在提高天然气开采的各种基础方案下，对西西伯利亚、俄罗斯欧洲部分、东西伯利亚，包括萨哈（雅库特）共和国、远东和大陆架等几个主要地区的天然气储量增长做出了预测。

需要再一次指出的是，乐观方案是天然气行业发展的基础方案之一。《能源战略》的作者认为，这种方案只有在奠定能源战略基础的三个宏观经济条件实现的情况下才有可能实施。尽管如此，在《能源战略》中补充讨论了实现这一乐观方案的各种条件。这些条件是什么呢？有三个。

第一个条件——至2006~2007年，国内天然气价格与2000年价格水平比增长一倍。并且，在我们讨论价格增长时，《能源战略》中清楚地描述：不变价格增长，即无通货膨胀和无价格结构改变的价格，因为大家都知道，关于价格水平本身，专家很少谈及。对于消费者来说价格总水平是最重要的指标，因为对于他们来说价格由什么组成没有什么差别。但是，对于生产商来说，了解价格的主要组成部分就非常重要了，这些组成部分是：费用、利润、税收、消费税等，即影响价格水平的所有因素，但是这些因素并不反映在生产的财务指标中。因此在《能源战略》中我们非常清楚地提出了这个条件——价格不变，没有通货膨胀。

为什么我们支持气价提高得这么剧烈（翻一番）呢？难道我们不清楚这样提高价格会对国内商品生产企业产生多么不良的影响？

当然，我们很清楚。在制定《能源战略》时，从方方面面研究了气价提高的问题，考虑到了这一步所有的“长处”和“短处”。科学院有关研究所参与了该工作，他们根据各种国民经济预测模式计算不同价格增长及增长速度对消费者的影响。这是因为，如果不提高国内天然气市场价格，俄罗斯就无法保住天然气工业。

在开采的地理、地质和自然环境条件恶化的情况下，开发新的地质条件复杂的气田，建立相应的基础设施，扩大运输距离，将对天然气开采和运输经济产生负面影响。

已开发气田的总储量中有2.6万亿立方米以上（其中包括1.2万亿立方米属于阿奇莫夫气层）的天然气分布在深层气藏。此外，纳德姆—普尔—塔兹地区的基础气田进入开发末期后，高产气层中剩下的低压气将只有不到总储量的15%，是该地区的主要原料和能源（用于天然气加工、天然气化学、地方和地区能源）。未开发天然气资源约10.3万亿立方米，其中1.7万亿立方米分布在未投入开发的气层和谢诺曼气层的气田，5.8万亿立方米集中在亚马尔半岛，剩下的储量主要分散在一些不大的伴生气田和深层气藏。要开发这些天然气资源需要投入巨额的投资来进行大规模的改造。

这将造成投资支出大幅提高，天然气开采和运输的运营成本增加，客观上必然引起天然气价格的提高。在制定《能源战略》时对此进行了核算，核算结果表明，为确保投资增加需要将天然气价格在2006年前提高到40~41美元/千立方米，2010年提高到59~64美元/千立方米（不包括增值税、天然气分输网运输费和销售供应服务费）。

受到国家社会经济发展条件的限制，至2006年这段期间，俄罗斯天然气价格走势多少要落后于上述指标。如果缺乏对下一时间段出现的投资赤字的补偿，将会出现《能源战略》所拟定的天然气行业发展指标无法实现的风险。因此，必须采取措施，要么扩大从中亚国家的天然气进口量，要么控制俄罗斯天然气的出口量。

第二个条件——确保独立天然气生产商进入天然气长输管道系统。毋庸置疑，独立天然气生产商应该拥有无障碍使用统一天然气管网的长输管道系统的权利。但是，很显然，独立天然气生产商同样也应该投资发展统一天然气管网的长输管道系统，因为现行系统已确定了非常具体的运输量。此外，俄罗斯天然气工业股份公司的天然气开采区通常也是独立生产商计划生产天然气的地区，但是正是在这些地区，天然气管道时常没有富余运输能力，也面临着新建管道的问题。这些管道的建设也要考虑独立天然气生产商参与。因此，在能源战略中对相应的条例作了最大的修正："为天然气市场所有的参与者平等使用天然气长输管线系统创造条件。"

第三个条件——完善地下资源利用和征税体系，为开发中小型气田、运营处于开发晚期的气田、开发深层小型和阿奇莫夫气藏创造条件和推动力。

在这最后一个条件的问题上，《能源战略》的作者和政府经济部门的专家存在分歧。经济部门的专家们认为，市场的所有参与者应该在平等的条件下工作，不应该存在任何区别。持这种观点的人认为，任何的区别对待都是滋生腐败的土壤。有一个形象的说法："是的，所有人都处于平等的条件下，就像双向通行的街道，只是一个是坐着坦克沿着街道前行，一个是光着脚跑。"大概现在就是这样一种情况。《能源战略》的作者试图再次坚持自己的主张，即根据地质条件和气田的开发阶段、生产的实际自然环境和地理条件，对地下资源利用者区别征税。

《能源战略》非常关注所谓的独立生产商的天然气产量的增长，这些独立生产商主要包括石油公司、地区天然气企业和新成立的天然气企业。《能源战略》的制定者认为，在战略规划期，独立生产商的份额在整个天然气开采中应成倍增长。这并不意味着，俄罗斯天然气工业股份公司将停滞不前，相反，它也将扩大开采量。目前，公司董事会已经通过决议，2020年前公司天然气开采量将提高到5600亿~5800亿立方米。但是，独立生产公司为了维护属于自己的市场份额，就要以更快的速度加大开采量。正是这样，我们才会谈到要发展国内竞争能源市场。

独立生产商将会首先发展和扩大开采以下气田的天然气，主要包括：雅罗—雅星、尤尔哈罗夫、塔尔科萨列（西西伯利亚）、赫瓦伦斯克（北里海）、科维克金及其他东西伯利亚和远东地区气田。

《能源战略》非常重视俄罗斯国内天然气市场的建立，但是，《能源战略》不要求一下子扭转目前的状态。国内天然气市场的建立应平稳、持续不断地进行，并根据立法通过几个阶段完成。鉴于此，规定如下：

逐步提高俄罗斯国内市场的天然气价格，并过渡到按市场价格销售天然气，确保市场主体自负盈亏，客观评估天然气的使用性能；

从调节天然气批发价格过渡到建立针对所有天然气生产商的统一的天然气运输费率；

向消费者提供调整期天然气，以适应天然气市场运行条件的变化；

对于低收入阶层的居民实行补贴，弥补天然气提价造成的负担；

为了过渡到按市场价格销售天然气，应发展国内天然气市场基础设施；

支持独立天然气生产商的成长和发展；

为所有市场参与者平等使用天然气长输管道系统创造条件；

保持统一供气管网作为统一的技术综合体，依靠建设和连接各种所有制（包括参股形式）的新设施发展统一供气管网；

为经济可行并且情况允许的局部天然气市场创造竞争条件，以确保市场主体未来降低支出、提高效益和服务质量。

在俄罗斯能源战略中，还详细研究了国家发展天然气行业的其他问题——发展科技进步和天然气利用的优先方向、发展天然气运输系统和地区燃气化、天然气加工等。

8. 石油行业发展预测

与天然气行业不同，石油工业另有其战略任务，在《能源战略》中，石油工业的战略任务概括如下：

——确保石油开采必要的资源量（整个国家和主要的石油开采地区）；

——较平稳并分阶段提高石油开采量；

——在最长的时间里保持已达到的开采水平；

——考虑到俄罗斯人民子孙后代的利益。

作为对前几版文件（2002年6~10月编制）的回应，这些任务纳入新版《能源战略》中。之前那些中间版本文件的理论依据是，利用良好的价格行情可以并且需要最大限度地提高石油开采量，接下来再降低开采量。也就是说，利用目前高价出口石油的机会，将所有力量集中到石油开采和出口，然后，根据国内消费者对石油的需求情况和当时的行情降低开采量。然而，众所周知，一些业界人士坚持一种观点，即再过10~15年，石油作为燃料将不再拥有高度的需求，因此应该利用现在的机会，“将我们能开采的所有石油投入市场”。相应地，2010年前，石油开采量预计达到5.1亿吨,2020年前，降到4.45亿吨（2015年为4.95亿吨）。自然，我们无法认同这种关于行业发展态势的观点，但是我们对问题的看法也同样引起了反对的声音。

在2003年5月召开的俄联邦政府工作会议上，上述俄罗斯石油工业发展战略任务遭到了来自国家最大石油公司领导的批评，他表示，很遗憾，《能源战略》像从前一样依据“上级”调控的开采水平，而不是依据需求趋势制定战略任务。

新版《能源战略》通过的2020年前俄罗斯石油开采预测，并列举了决定行业发展前景的几个主要因素，这些因素中主要包括：

——国际石油价格水平和国际能源市场整体行情；

——国家税收政策和地下资源利用制度；

——油田勘探开发领域的科技进步；

——行业后备原材料资源的状况和质量。

根据上述战略任务以及决定石油行业发展的主要因素，新版《能源战略》中确定了与2002年的几版中间文件完全不同的石油开采规划：2020年前保持主要增长，之后保持稳定开采水平。自然，在制定这样的规划时不仅考虑到2020年前，还有更长远的时间，到2030年前，乃至到2030年以后。因为2020年以后俄罗斯这个国家也不会消失，2030年、2040年乃至以后，石油和天然气也仍然被需要，因此在制定新版国家《能源战略》时，不应该只考虑当前的问题和利益，也不应该主张，子孙后代应该自己决定他们需要什么，他们该如何保证自己的能源需求。

根据不同的国家社会经济发展方案，俄罗斯未来石油开采量将大大不同。如果国内外条件和形势良好（发展的最优和乐观方案），2010年前，俄罗斯的石油开采可以达到4.9亿吨的规模，2020年前提高到5.2亿吨。

如果面临的是国家社会经济发展保守方案下的国内外形势，预计2020年前，石油开采量将大大低于4.5亿吨，并且在危急方案下，预计石油开采量仅在未来1~2年保持增长，之后将减产：2010年前达到3.6亿吨和2020年前达到3.15亿吨。具体的石油开采量将取决于能源需求情况、国际石油市场行情、投资，以及石油公司自身经营的组织技术条件。

未来发展俄罗斯境内的石油开采既在传统的石油开采地区，如西西伯利亚、伏尔加河沿岸地区、北高加索，也在新的油气区：俄罗斯欧洲北部（季姆—伯朝拉地区）、东西伯利亚和远东、俄罗斯南部地区（北里海油气区）。

在整个战略规划期，国家的主要石油基地仍将是西西伯利亚油气区。除了危急方案，在其他所有方案下，2010~2015年前该地区原油开采量都将保持增长，之后开始减产，到2020年达到2.9亿~3.15亿吨。在危急方案下，由于开发难采油田的利润非常小，导致该地区开采量大幅下降。

在伏尔加—乌拉尔油气区和北高加索地区，由于资源逐渐枯竭，原油开采量将下降。在保守方案和危急方案下，该地区的石油减产将加剧。

总体来看，2020年前，俄罗斯的欧洲地区原油开采（包括大陆架）可达到9000万~1亿吨（2002年为1.1亿吨）。

在乐观和相对乐观条件下（经济发展的乐观方案和保守方案），将在东西伯利亚和萨哈（雅库特）共和国、萨哈林岛大陆架、巴伦支海、俄罗斯里海部分等地区形成一些新的石油工业中心，季姆—伯朝拉油气区的石油开采量也将提高。在加强地质勘探工作的同时，如果资源储量有保障，根据东西伯利亚和远东地区社会经济发展规划，以及俄罗斯在亚太地区战略利益，将东西伯利亚和萨哈（雅库特）共和国原油开采量2020年前提高到8000万吨（保守方案下5000万吨）是符合实际的。在危急方案下，东西伯利亚和萨哈（雅库特）共和国原油开采量2020年前将不超过300万吨。

2010年前萨哈林岛大陆架原油开采将达到2500万~2600万吨，2020年前将一直稳定保持在这一水平上。危急方案下，原油开采量为

1600万吨。

要确保达到拟定的开采水平并且提高原油开采效率，需要依靠行业科技进步、完善钻井和油层加压方法、增加油藏开采深度、应用其他先进的石油开采工艺、经济合理地利用难采油藏等。

根据当前预测的石油行业的资源质量，《能源战略》认为必须完成以下任务：

——加强地质勘探工作，确保暂未开发的油田开采量增长。除了考虑潜在的风险，国家地下资源利用许可证规划还需要保证地质勘探工作及其投资应达到确保行业稳定发展的水平；

——提高石油采收率，提高可采潜力和已开发油气田的开采水平。

《能源战略》中所阐述的开采乐观方案实现的可能性有多大？为此需要哪些必要条件？我们认为，如果完善现行的税收和地下资源利用制度，并且国际原油价格处于高位（2010年不低于25美元/桶，2020年不低于30美元/桶），《能源战略》中规定的任务完全可以实现。

关于完善税收体系，主要的任务是未来实施灵活的矿费制征税办法，在《能源战略》中最早实现的目标是，通过实行矿产开采差别税率，对难采资源开发给予税收鼓励。也正是在这一点上，《能源战略》的制定者们遭到了来自俄罗斯最大的石油公司的批评，批评主要内容如下：

——很遗憾，《能源战略》再次提出必须在征税时采取差别税率，这样只会鼓励那些不会工作的人；

——有容易开采的资源，并且在未来几年依靠这些容易开采的资源可以确保开采量，为什么还要投入大笔的资金开发难采资源？另外，谁需要就让谁去考虑为何开发这些难采的资源……

关于完善地下资源利用制度，要坚持四点原则，这四点我们已经纳入《能源战略》中。

第一，鼓励地下资源利用者利用自有资金，投资油气田的普查勘探。首先我们在这里指出，要颁发油气田勘探开发直通许可证。

第二，通过许可证协议，限定每个许可证区块的最低开采量和最高开采量。我们依据的原则是地下资源为国家所有、人民所有，而且国家也不应该像生产商那样对这些区块一视同仁。为了让生产商不仅考虑自己的利益，同时也考虑市场行情，我们认为，每个许可证区块都应该根据经过相应部门批准的有科学依据的工作计划进行开发。应该由国家机关批准开发计划，并且在许可证中严格规定最高和最低开采水平，生产商不应违反规定的开采量，防止油气田的开发工艺流程遭到破坏。

第三，严格许可证颁发的要求和条件（包括：细化油气田开发的动工日期和开发期、对许可证使用人的财务状况的审核机制、对违反许可证条件的制裁措施等）。

第四，确保国家对油气田有效开发的监管，包括完善国家对油气田开发设计文件的鉴定制度。

我认为，不是所有人都喜欢这些建议。

为确保俄罗斯国内对成品油需求及成品油出口达到理想水平，《能源战略》规定要发展炼油工业首先依靠提高原油利用效率。而发展的优先方向是：根据运输工具的变化逐步提高机动车燃料质量，保持重油作为热电站储备燃料得到合理利用，绝对满足国防需要。

除了危急情况，预计按照所有的方案，石油加工量都将提高。2010年前，将达到2亿~2.1亿吨/年，2020年前，将达到2.1亿~2.15亿吨/年，同时，深加工能力将扩大，2010年达到75%，2020年达到80%~85%。机动车燃料（汽油、柴油和航空煤油）产量可增加到2010年1.1亿吨，2020年1.3亿吨。如果是危急方案，炼油能力将下降，2020年达到1.7亿吨。

自2005~2006年开始，随着原油出口基础设施扩建和俄罗斯垂直一体化公司整合一系列海外炼油厂资产，成品油特别是“半成品”（直馏重油、一系列柴油和船用燃料）的出口量将下降。

石油加工发展主要方向——对现有炼油厂进行现代化改造和根本性重建，加快建设原油深加工能力、提高成品油质量和生产催化剂的设备。

炼油厂的现代化改造要求超前发展原油深加工和提高产品质量的技术工艺，如催化裂化、氢化裂解、残渣焦化、减黏裂化、沥青生产等，应用现代工艺进行汽油催化重整、柴油和喷气式发动机用燃料的加氢精制、异构化、烷基化、加氢脱蜡和脱芳烃，从而获得含氧高辛烷值添加剂。必须改变目前润滑油生产上的落后技术，为此应发展生产高参数的基础油、有效添加剂及其针对不同用途燃油的套系产品。

为了使成品油生产接近消费者需求，《能源战略》还考虑到在成品油消费集中的地区新建中等规模的高效的炼油厂。在边远的北部和东部地区，发展拥有批准证书的全周期炼油的小型炼厂。

《能源战略》非常关注石油化工工业原料（直馏汽油、化学汽油、液化石油气、芳烃、单体、炭黑原料等）的供应问题，石油化工产品的价值一般要高于石油加工产品。即使在广泛应用节能技术的条件下，2010年石油化学工业对碳氢化合物原料的需求将增长1~1.5倍（与2002年水平相比），为满足这一增长，石油加工业面临着相应的目标任务。

在战略规划期石油加工业还面临着一个最重要的任务：必须大幅提高成品油质量，并达到生态环保标准。《能源战略》的制定者们认为，这是使俄罗斯的石油加工业达到现代技术水平最重要的条件之一，将确保俄罗斯消费高质量的机动车燃料、润滑油、石油化工原料及其他石油加工产品。所生产出的石油加工产品的质量要求和达到要求的期限应通过法律的形式确立下来。

《能源战略》中有专门的章节介绍发展石油综合体运输基础设施。对这一问题的关注是由以下几个主要因素决定的：

必须拥有自己的输油终端，向传统的和新的出口方向海运石油；

适宜建立新的俄罗斯原油和成品油出口方向，包括绕过邻国边境的方向；

在国家东部（东西伯利亚、萨哈〈雅库特〉共和国、萨哈林岛大陆架）出现新的原油开采中心；

俄罗斯欧洲部分的原油开采量下降，首先是伏尔加—乌拉尔地区和北高加索地区；

里海地区出现大型原油开采中心，俄罗斯原油管道系统将成为过境运输媒介；

原油运输设施必须具有足够的转运潜力，为灵活参与国际市场竞争创造机会；

必须扩建利用效率最高的成品油管道运输设施。

在俄罗斯经济发展和国际石油市场行情乐观方案下，这些因素的影响将全面有效。

2003年俄联邦政府批准通过的《能源战略》规定了以下几个石油运输系统发展主要方向：

北波罗的海方向——建设“波罗的海管道系统”二期，管输规模扩容至6200万吨/年，社会经济发展乐观和最优方案下，在科拉半岛建设新的管道系统及原油出口转运设施（1.2亿吨/年）；

里海—黑海—地中海方向——通过扩大阿特劳—萨马拉管道输油规模至2500万~3000万吨/年，扩大新罗西斯克和图阿普谢海上输油管道输油规模至5900万吨/年，发展独联体里海国家石油过境路线，并达到里海管道财团原油管道设计能力（6700万吨/年）；

中欧方向——将“友谊”管道系统和“阿德里亚”管道系统连接，通过奥米沙里港的石油转运终端（克罗地亚），逐步（500万~1000万~1500万吨/年）扩大从俄罗斯和独联体国家的石油出口。将中央—欧洲管道和东欧管道系统连接成“统一系统”。

东西伯利亚方向——确保在东西伯利亚和萨哈（雅库特）共和国建立新的原油开采中心，其中包括，建设“尤鲁布钦—塔霍姆斯克油田（埃文基自治区）—阿钦斯克—安加尔斯克长输管道”和“塔拉坎、上乔油田—安加尔斯克管道”。俄罗斯进入亚太地区能源市场决定了必须建设安加尔斯克—纳霍德卡的原油管道系统（输油规模8000万吨/年）和到中国的一条支线管道（大庆市）。

需要指出的是，准备在2003年5月政府工作会上提交的那一版《能源战略》中，最后一句是这样写的：“俄罗斯进入亚太能源市场的必要性要求发展向东——中国和日本海沿岸的长输管道系统。在该地区建设统一的能源走廊即石油和天然气长输管道的方案将最大程度地满足国家利益、东西伯利亚和远东地区社会经济发展利益，以及综合开发矿产资源的要求。”

远东方向——考虑到开发萨哈林岛地区油气资源的前景，建设最适宜的符合合理利用地下资源要求的运输基础设施，其中包括萨哈林—1项目和萨哈林—2项目。

部分运输设施方向项目的实施要求建设新的或发展现有的海上石油出口终端设施。

为了实现俄罗斯最大炼油厂成品油出口的最优化，需要建设“塞兹兰—萨拉托夫—伏尔加格勒—新罗西斯克”、“安德烈耶夫卡—阿里梅季耶夫斯克”，以及“克斯托沃—雅罗斯拉夫尔—基里希—普里莫尔斯克”成品油管道，在普里莫尔斯克市建设成品油转运综合体。

根据现有运输基础设施的负载能力，俄罗斯联邦政府将批准关于原油和成品油运输发展具体方向的决议。

在《能源战略》中也研究了石油综合体发展的其他因素——国家地下资源管理、科技进步和科技创新、投资需求及其潜在来源等。

9．其他燃料能源行业的发展前景

《能源战略》中同样也详细分析了其他燃料能源行业的发展。为了更好地理解油气行业在这其中的地位和角色，我们简要地，哪怕是纯粹从对比的角度，重点来谈一下这些行业发展的基本要素。

电力能源

这个行业的特点是：固定资产的消耗大，热电站燃料结构不平衡，现代生产工艺和电力、热力能源传输对投资的需求较大，而投资又无法得到保障。

为满足不断增长的消费需求，《能源战略》中提出了实施以提高效率和投资吸引力为目标的行业改革，其中包括：划分出潜在竞争的和垄断的业务领域，在电能生产方面建立竞争市场，完善国家对自然垄断领域的调控。

未来电力能源发展的战略目标是：

1．实现国家经济发展和居民用电的可靠供应；

2．发展国家统一能源系统并保持其完整性，实现同其他欧亚大陆电网的一体化；

3．在现代新技术的基础上，提高电力能源的职能效率并保证其稳定地发展；

4. 降低对环境的危害。

根据这些目标，提出了行业的主要任务——扩大产能和完成改革。

根据经济高速发展情况下（乐观和有利的方案）对电力能源需求量的预测，电力能源的生产可以实现到2010年产量比2000年增长1.2倍(达到1.070万亿千瓦/时)，到2020年产量比2000年增长1.6倍(达到1.365万亿千瓦/时)。在经济低速发展的情况下（保守的方案），相应的指标为1.015万亿千瓦/时和1.215万亿千瓦/时。在未来的20年内，火电站还将在电力能源生产中占主导地位，到2020年其产量将提高1.8倍。火力发电在整个装机容量中的比重到2020年将达到61%~62%。

《能源战略》中还提出了在俄国内市场增加天然气的供应和快速发展煤炭供应。其结果将使国内火电站的燃料消耗结构发生重大变化，特别是在俄罗斯的欧洲部分。

核能也将得到快速发展。无论是装机容量还是发电量，核能所占的比重都是发展最快的。

当然，就全国范围来说，这些比例是完全不同的，因为各个大区（欧洲部分、西伯利亚、远东）的能源供应和消费情况不一。因此发电量的结构在每个大区也有所不同。

电力能源在我们所研究的这个未来阶段的发展将由下列经过经济论证的电力能源行业地区布局优先方向来决定：

在俄罗斯的欧洲部分——对热电站进行技术改造，从蒸汽涡轮机变为蒸汽气体发电机，并大力发展核电站；

在西伯利亚——发展煤电和水电；

在远东——发展水电，在大城市发展天然气中央热电站，在一些特别地区发展核电。

火力发电目前所占比例为65%。到2020年大约还是这个比例（62%~65%）。只有水电和核电的比例有所变化：前者下降，后者增长。由此可见，发电结构和燃料能源平衡结构都是具有惯性的，这都是针对整个大型系统讲的。这些系统不可能在10~15年内就发生根本性的改变，而只能初步看出它们的某些发展趋势。而最近五年电力能源的发展趋势就是核能发电的增长。

为发展作为俄罗斯统一能源体系的基本元素——国家统一电网，巩固各经济区域的平衡发展，考虑建设一个能够保证俄罗斯统一电网稳定供应的输电线路，并消除一些抑制市场竞争发展的技术瓶颈。

国家统一电网的发展将受联邦电网公司和电网运营商（国家控股均超过75%+1）的调控，同时还将保留和保障技术调度的垂直管理。

煤炭工业

煤炭工业拥有足够的资源基础以满足俄罗斯经济发展的需要。未来20年煤炭工业发展的战略目标是：

为国民经济的发展提供稳定的高质量的固体燃料及其加工品的供应；

保证煤炭工业在市场替代能源饱和的情况下具有较高的竞争力；

煤炭工业在现代科技和环保科技的基础上稳定和安全地发展；

在市场燃料饱和的情况下，未来俄罗斯煤炭的产量水平将首先取决于煤炭同其他替代能源相比的技术和价格上的竞争力而决定的国内市场对煤炭的需求。

国内预测煤炭产量同其他能源资源一样，将因社会经济发展的不同趋势而不同，但无论哪种趋势下，煤炭的消费量同其他不可再生燃料相比都将保持高速增长。在有利的条件下（乐观有利的经济发展趋势），煤炭的产量到2010年将达到3.05亿~3.35亿吨，到2020年将增长到4.10亿~4.45亿吨。在内外部条件和因素不利的情况下（保守的经济发展趋势或发生经济危机时），煤炭的产量到2010年将少于2.70亿~3.00亿吨，到2020年少于3.10亿~3.75亿吨。

产量分布也不会发生根本性的变化，因为主要储量基地也就是主要产量基地。未来20年的主要产地是在库兹涅茨克煤田。该地区的产量在全国产量中所占的比重将保持在47%~51%。只有在经济发展较为乐观的情况下，坎斯克—阿钦斯克、东西伯利亚和远东的煤矿产区快速发展，库兹涅茨克煤炭产区的比重将有可能缩减到41%。

煤炭工业拥有足够的煤炭地质资源储量和探明储量——这是它同油气工业最本质的区别之一，因此煤炭的具体产量将由经济发展对这种固体燃料的需求而决定。

很关键的一点是，同迅速上涨的石油天然气价格不同，2010~2012年间，随着优质资源储量的开发、经营机构的优化，最重要的是开采、加工和运输技术的提高，煤炭的价格将进入缓慢上涨期，而到2012~2020年，随着坎斯克—阿钦斯克煤矿进入大规模开发，煤炭的价格甚至还有可能降低。在随后的十年内，煤炭价格将保持相对走低的趋势，并将在俄罗斯燃料能源领域扮演越来越重要的角色。

在政府批准的《能源战略》中，没有像2000年版的《俄罗斯能源战略基本原则》那样详细规定了价格和税收政策的机制和条件。政府的经济部门严格把关，坚决不允许《能源战略》中出现任何具体的价格或税收参数。因此在制定《能源战略》时也采取了一些技巧：很多价格和税收参数都体现在行业部分的参考和图表数据中。而在《能源战略》的相应部分中对价格和税收只有一般的结论、方向和原则。

10. 俄罗斯《能源战略》的对外观点

在《能源战略》中制定了详细的对外能源政策。在制定相应章节的时候我们的根据是——出口是重要的，但只是国家对外能源政策的一个组成部分。我们的公司，如果他们想成为真正的国际化公司，就应该积极开发俄罗斯境外的油气资源，首先就是在前苏联国家范围内。能源资源的出口应该同从这些地区的进口以及向消费者销售终端产品结合起来。

巩固俄罗斯在世界石油市场及天然气市场的地位具有战略性的重要意义，同时在未来的20年里要最大程度地实现国产能源产品的出口，为保障国家经济安全做贡献，继续成为欧洲国家乃至整合国际社会的稳定可靠的供应商。到2020年，俄罗斯作为大型能源供应国参与保障世界能源安全将成为一个新的要素。在《能源战略》中强调，俄罗斯支持公平的、可预见的，并被油气生产国和消费国都认可的世界能源价格，俄罗斯也将因此同其他的资源生产国或出口国协同努力。

俄罗斯的战略利益需要通过在欧亚毗邻地区建立统一的能源和能源运输基础设施，发展国际能源运输系统，保证非歧视的能源过境运输来实现。因此，国家将鼓励俄罗斯的股份公司和企业参与开发和实施石油、天然气和电力运输的大型国际项目，包括向西和向东的方向。

对于俄罗斯来说，由于其独特的地理和地缘政治地位，能源过境运输问题具有特殊的意义。因此，俄罗斯有一切理由希望过境运输既能够保障其能源供应的可靠性和能源出口的效益，又能够从过境运输中获得收入。

在2000年版的《能源战略》的基本原则中，我们得出的预测结论是2015~2017年以后，向外部市场的供应将逐步趋于稳定，即出口的明显增长只会在2015~2017年之前，因为那时大部分的外债已逐渐偿清，经济将发生结构性的调整，没有必要再发展原材料出口等。而在2003年版的《能源战略》中预测的是另外一种趋势。石油和天然气的出口到2020年将一直保持增长，因为我们的工作规划倾向于到更晚的时期，能源出口趋于平缓的趋势也至少要推迟10~15年才会出现。此外，在最新版的《能源战略》中，提出的是完全另外一种液态燃料的出口结构：成品油的出口不是快速增长，而是趋于平缓，之后再逐步下降。

与此同时，《能源战略》中承认，能源出口的发展首先取决于外部市场的价格和俄罗斯国内燃料和能源开采（生产）成本的对比关系。碳氢类原料的出口规模同样也将受到外资企业和产品分成协议条件下的企业所占的生产比重的影响。同时，出口政策还将考虑到由于欧佩克组织的活动越来越活跃所带来的石油价格的大幅波动和欧洲天然气市场的自由化所造成的天然气价格下跌的可能性。

为保证能源和经济的安全，俄罗斯将致力于能源资源出口方向的多元化，发展东向和南向的出口渠道，并逐步扩大在能源资源出口地理结构中这些方向出口的比重。俄罗斯还将努力建立同美国——这个近几十年来世界发展的领头羊国家之间的长期和大规模的合作。

同时，俄罗斯的利益还需要通过发展同欧洲国家之间的有建设性的对话来实现，欧洲目前已经成为俄罗斯燃料能源资源销售的最主要的市场。同欧洲伙伴合作的形式将包括实施共同的投资项目，特别是能源运输方面的，广泛吸引欧洲投资者进入俄境内的产品分成协议条件下的油气开采项目，以及在节能领域的相互协作。

最后一个我想重点强调的问题是：俄罗斯将如何根据《京都议定书》

的要求解决温室气体排放的问题？首先应该说，由于谈判谈得很巧妙，当时（90年代初）的俄罗斯成功获准可将温室气体排放量维持在1990年水平上。虽然那时，即在1992~1994年间，已经出现明显的经济大幅衰退，经济危机扩大，而能源消费量下降。因此，俄罗斯的温室气体排放基础还是好的。

《能源战略》正是从俄罗斯完成其在环保领域的国际义务的必要性出发的。

根据《联合国气候变化框架公约》下的《京都议定书》，俄罗斯承担了到2008~2012年间将本国温室气体排放量控制在1990年水平的义务。这就需要在燃料能源领域，到2010年温室气体排放量缩减到1990年的75%~80%，甚至到2020年也不能超过这个水平，才能使俄罗斯完成上述义务。

俄罗斯有足够大的潜力，使我们能够发展国内的工业生产，而不用考虑《京都议定书》。毕竟——什么叫做温室气体排放的稳定？如果笼统地说，就是能源消费的稳定。因此，在关注环境的口号背后，我们常常看到的是另外一层意图，那就是——从法律上把已经形成的能源消费量固定下来，不给竞争国提供扩大能源消费量以及相应的增长经济的可能性。也正因为如此，中国、印度和其他70个发展中国家都没有签署《京都议定书》，至今也没有承认它。他们明确地告诉发达国家："你们制造了这个问题，你们自己解决。什么时候你们发明了一种技术，可以使我们能够不排放也能把经济发展水平提高到跟你们一样，我们就会很乐意地加入这个项目。"

美国是《气候变化公约》的发起国和最主要的推动力量——它打算靠俄罗斯及其他经济转型期的国家的排放配额，并利用《京都议定书》中形成的机制，完成自己的减排义务而不用限制自己的能源消费量。但到后来，他们逐渐弄明白，即使算上这些配额，美国还是有完不成义务的危险，这时他们的做法很简单。布什总统宣布美国退出《京都议定书》并且也不会批准它。

《能源战略》的出发点是俄罗斯联邦将利用《京都议定书》中规定的旨在减排的弹性机制，与此同时，将制定实施议定书框架下项目时的制度和法律的框架，以保证项目实施的有效性和透明性。

11．俄罗斯能源领域的投资需求

在前几节中我们已经指出，目前俄罗斯能源领域的大部分行业都处在消耗自己的生产潜力的状态，逐步啃噬了前几十年里的集中投资所提供的巨大潜力。供暖和公共能源以及大部分的能源行业的固定资产，不论是使用寿命、磨损程度，还是技术状态，都已经接近危机水平。

《能源战略》（2003年版）中提到的抑制燃料能源行业发展的主要因素有：

——固定资产的磨损程度较高（50%）。在燃料能源的所有行业，90年代新产能的投产缩减了1/2到5/6；

——设备资源的老化注定了未来生产效率的落后。员工较低的生产纪律性、管理的漏洞，以及固定资产的老化，使得设备出现较高的事故率。因此，能源领域发生事故的几率也在提高；

——燃料能源综合体各行业（除了石油行业以外）的投资不足和使用不合理。在燃料能源行业的高投资潜力下，外部投资占资金投入总量的13%不到。其中，上述投资的95%还是投入到石油行业。在天然气行业和电力行业没有为必要的投资环境创造条件，致使这些行业未来可能成为制约经济发展的瓶颈；

——燃料能源行业生产潜力落后于世界科技水平。通过现代地层作用的方法开采出来的石油和通过改进工艺而获得的优质石油加工产品所占的比例很小。天然气和电力行业所用的动力设备都是非经济型的。国内几乎没有任何先进的蒸汽气动装置、废气净化装置，极少使用可再生能源，煤炭工业设备老化、技术落后，核能潜力利用不足。

分析了这些因素，制定《能源战略》的专家们早在2000年就得出结论，认为我国政府必须采取坚决措施，使流出俄罗斯的大部分资金（据专家评估达到每年上百亿美元）要投入到国内的经济上来——在这里有利可图。但仅靠行政和惩罚性措施是不能将流出的资金引回的。这只有通过为投资者创造条件，使俄罗斯的市场比其他吸引投资的竞争国市场更具有吸引力才行。

必须要实行这样的国家政策：使能源企业有效运作的情况下，鼓励这一领域的投资积极性，创造能源行业预计发展所必需的投资资源。《能源战略》中提出的国内和国外能源需求的增长以及为满足这种增长所需的能源行业的发展决定了它到2020年的投资需求，并且这种投资需求可以根据实际的能源需求进行调整。

天然气工业——1700亿~2000亿美元（350亿美元用于实施东西伯利亚和远东天然气资源的开发计划，700亿美元用于实施亚马尔半岛气田的开发计划）。这些投资将依靠俄罗斯天然气公司和独立天然气生产商的投资；

石油行业——近2300亿~2400亿美元（石油公司和投资者的自有资金）；

电力行业——1200亿~1700亿美元，包括1000亿~1400亿美元用于建设和改造发电产能，其中250亿~350亿美元用于核电站，200亿~300亿美元用于发展电网（依靠电力公司的自有资金，投资者资金，而对核电站、水电站以及联邦电网公司的投资则依靠收费资金）；

煤炭工业——近200亿美元（投资者资金、私人煤炭公司和联邦财政资金）；

供暖——近700亿美元（地区和市级财政、收费资金和投资者资金）；

节能——500亿~700亿美元（地区节能基金、各级财政、投资者资金、收费资金）；

2001~2010年，整个能源行业的改造和发展所需的资金投入为2600亿~3000亿美元，2010~2020年为4000亿~5100亿美元。据评估，2001~2005年能源行业的投资占全国经济投资的比例为33%~35%，2006~2010年减少至31%~33%，到2020年前减少至20%~24%。

能源行业的投资增长，包括直接的和有价证券形式的外国投资在内，都应该顺势带动其他的经济行业，这不仅是由于对其产品和服务的需求增长，还由于在加工行业的资本积累的影响。

结 论

综上所述，必须指出的是，《能源战略》中所提出的目标和任务没有相应的法律保障是不可能实施的。实施《能源战略》所必要的法律法规在制定和修正《能源战略》的过程中就已经由工业与能源部提出来了。这些法律法规文件草案旨在优化油气矿产资源基地的再生产和利用，支持对能源开采和生产领域的投资，完善能源行业的社会关系并考虑到这一领域业务的特殊性等。特别是，提出了要制定和向俄联邦政府提交《矿产资源法的修改和补充法案》、《联邦能源系统法》、《能源安全法》、《联邦法的修改和补充》、《俄联邦天然气供应法》、《中小型油气开采企业支持法》等一系列法律草案。同联邦执行机构对上述实施《能源战略》所必需的法律法规的协商持续了近两年。最终，政府机构做出决定，在日常工作过程中审理这些问题。

参考文献

[1] Ц.И.阿巴尔金、А.Г.阿甘别吉扬、Б.Е.布列兹金、В.В.布舒耶夫、П.И.韦利卡诺夫、Э.В.吉鲁舍文科、Д.С.利沃夫、А.Г.科济列夫、А.А.马卡罗夫、В.Ц.马卡罗夫、А.М.马斯捷潘诺夫、Н.Я.彼得拉科夫、П.И.罗季奥诺夫、С.Я.切尔纳夫斯基、А.Я.沙赖:《俄罗斯经济发展中期纲要中的能源部分》，全俄石油天然气工业组织、管理与经济研究所出版的刊物《能源政策》杂志增刊——1997年。

[2] В.阿列克佩罗夫:《俄罗斯联邦石油工业的发展：对问题与决策的分析》,《石油、天然气、建设》，2003年1月。

[3]《俄罗斯安全。法律、社会经济和科学技术的角度。能源安全(俄罗斯石油综合体)》,“知识”国际人文基金会，2000年。

[4] 俄罗斯天然气工业股份公司2002年年报。

[5] А.М.马斯捷潘诺夫:《俄罗斯能源政策的地区和对外经济观点》，全俄石油天然气工业组织、管理与经济研究所，1997年。

[6] А.М.马斯捷潘诺夫:《世纪之交的俄罗斯燃料能源综合体——现状、问题和发展前景》，莫斯科现代笔记本出版社，2001年。

[7] А.М.马斯捷潘诺夫:《俄罗斯需要什么样的能源战略》,《油气垂直一体化》杂志，第17期，2001年。

[8] Ю.К.沙弗拉尼克主编:《俄罗斯新能源政策》，原子能出版社，

1995年。

[9]《俄罗斯油气行业发展的基本概要》，《油气垂直一体化》特刊No.1（39），2000年1月。

[10]《2020年前的俄罗斯能源战略基本纲要》，能源战略研究所，2001年。

[11] B.B.普京:《俄罗斯天然气行业发展的关键任务》，《油气垂直一体化》杂志第18期，2001年。

[12] П.И.罗季奥诺夫:《俄罗斯燃料能源综合体：经济调控》，人口社会经济研究所出版社，1999年。

[13]《国家在建立和调控市场经济中的角色》，俄罗斯科学院经济研究所，1997年。

[14] Р.И.维亚希列夫、A.A.马卡罗夫主编:《俄罗斯天然气工业发展战略》，原子能出版社，1997年。

[15]《俄罗斯燃料与能源》（燃料能源综合体专家手册）A.M.马斯捷潘诺夫主编，能源战略研究所，2002年。

[16] Ю.K.沙弗拉尼克:《俄罗斯的石油天然气因素之于欧洲和世界》，《石油周》上的报告，伦敦，2003年4月。

[17]《世纪之交的俄罗斯能源政策》（两卷本），莫斯科，“纸莎草”出版社，2001年。

[18]《2020年前的俄罗斯能源战略》，能源战略研究所，2001年。

[19]《2020年前的俄罗斯能源战略》，俄罗斯联邦2003年8月28日No.1234号政府令批准。

俄罗斯需要什么样的能源战略

大概不会有人对俄罗斯需要长期的能源政策和《能源战略》的观点表示怀疑。有极其充分的证据可以佐证这种观点。

首先，B.C.切尔诺梅尔金在我去年年底出版的新书①《前言》中明确指出：“现代社会的发展离不开能源。它跨越时空，将国与国之间及人与人之间联系到了一起。能源对俄罗斯来说，是国家赖以生存的基础。它所面临的主要任务就是要稳定可靠地供应质量高、价格和税费合理的能源，同时还要提高能效，降低能耗，特别是要合理利用资源。另外，还要面向未来，建立资源、资金及科研力量的储备。能源是文明进程的基础，是经济领域的核心。能源工作者们的使命就是不能只顾眼前，而是要着眼长远，胸怀未来。”

其次，不仅是专家，很多人都知道，燃料能源体系，或广义范畴内的能源，是社会生产领域中投资最高的产业之一。其特点是：准备一个

---

① A.M.马斯捷潘诺夫,《世纪之交的俄罗斯燃料能源综合体——现状、问题和发展前景》，莫斯科，现代笔记本出版社，2001年，624页。俄罗斯能源俱乐部和《俄罗斯能源》跨党派议员联合会赞助出版。

用于商业用途的新的大型技术和工艺方面的方案，需要20~30年，有时会50年，甚至更长时间。所以，预测能源的未来发展，确定能源供给的合理规模，在机构和组织技术方案方面预先做好准备，应符合当时社会面临的问题。

最后，由于能源具有特殊的社会意义，其未来发展与广大的社会各个阶层，应该说，同普通百姓是息息相关的。他们也希望知道，未来会是怎样，并希望了解正在发生的事情和原因，清楚所作决策的代价和本人的能力。此外，广大民众热切希望参与到所发生的进程中去。

应当补充的是，对于自然气候条件恶劣、幅员辽阔的俄罗斯来说，所有有关燃料和能源问题，即使不将它们提升到应有的地位，也必须倍加关注，同时显然也不需要去鼓动任何人支持国家长期能源政策和战略的制定（和实施），因为所有人都会“赞成”。

那么我们要制定什么样的能源政策和能源战略？以何种方法、怎样落实上述能源战略问题？这方面政治家和专家的意见是有分歧的。

一些在政府高层作决策的政治家在等待《能源战略》奇迹的出现——他们希望从中找到生活中各种情况下出现问题的答案，而且希望一定是“好的答案”，而不管这些政策是否在实践中行得通。

而当从这些《能源战略》中未能找到上述答案时，或由于形势变化或采取错误行动（决策错误）现实情况开始与战略条款相左（更不用说答案不合他们的胃口）时，他们便开始指责《战略》制定者：什么《能源战略》，制定得不对啦，里面的数据错啦，等等。总之，“写得一点都不清楚”……接下来读者可以自己试选一下类似的不满。

此外，经常会有一些对政策和战略之间从属关系不太明白的地方，混淆这两种概念。而这两种概念，尽管其相互关联，但还是有很大的因果区别。

现在让我们试着来探讨一下这些问题。

什么是“能源战略”

在社会政治文献中，以及在一些专著中，对什么是《能源战略》有不同的看法，由此导致对称作“能源战略”的文件内容提出不同的要求。

然而，这个题目的理论争论可以说已经结束。事实上已有一种确定的定义（在俄罗斯联邦政府工作会议通过的文件中已含有此定义），即“能源战略”是对国家长期能源政策优先方向及实施机制进行科学论证的系统性基本文件。“能源战略”根据能源领域的内外形势，国家宏观经济趋势、地缘政治和科技发展情况，具体明确所研究的时间段内能源政策的主要方向、目的和任务，并且形成保证实施的环境和条件。

鉴于作者为《能源战略》文件的主要制定者之一，故不想评论该文件所阐述的“能源战略”的定义。同时必须再次强调指出，《能源战略》并非指令性文件，不是纲领和计划，只是在技术、经济和社会层面对未来一个时期可能进行的工作和能源问题的解决方法进行的选择。所以，在“能源战略”中的燃料能源综合体和能源供给的发展指标具有指示性，这些指标仅表示在完成有关指标实施措施和机制时可能取得的结果。

再补充一点，“能源战略”确定国家能源保障中的能源机构、区域、科技和生态等政策的侧重点、方向和手段。“能源战略”的主要实施方法和机制是：国家对能源市场的作用、价格政策、税收和关税政策、改革燃料能源综合体的组织和机构、完善法律法规。

西方的实践

国外是如何制定此类文件的呢？俄罗斯是否又在走本国特色的道路呢？通过对西方主要国家能源政策分析证明：随着市场经济结构的完善和不成熟市场向发达市场的过渡，国家直接调控在很多方面被各种间接调控所替代。但国家在制定工业能源发展战略方面总的调控作用（直接和间接措施），非但没有减少，反而在加大。

所以，尽管国家能源政策更多地仍然通过国家和商界的共同能源政策以及一些能源企业的政策得以实施，但这种综合作用在不断增长。许多国家的实践都证明了这一点，这些国家的5~7年的社会经济发展和科技发展计划，有的是指令性的（如法国），有的是强制性的（如挪威、荷兰）。这些计划大都建立在结构、科技、投资、金融信贷、外经外贸、生态及其他政策的方面调节作用的基础上。

各国在制定上述计划和分析其一体化相互作用的基础上，确定本国在国际分工和国际市场上竞争力方面的地位。俄罗斯近几年（很遗憾，已有很多年！）无计划发展的经历雄辩地证明，当行政指令性体系解体、向市场经济轨道逐步过渡的战略尚未制定时，就出现了经济崩溃。今天很多人已明白，国家不可以只一门心思地搞货币主义学派的调节，如稳定金融、无赤字预算、强制性的金融贷款政策、巩固卢布汇率等。但这一认识是用昂贵的代价换来的。

不是宣言，而是纲领

目前，一些主要的工业发达国家，包括欧洲国家（丹麦、芬兰、德国等）、美国、所有欧盟国家，都有本国的能源政策。根据经济和能源规模，美国和欧盟的经验对俄罗斯具有特殊的意义。

美国国家能源纲领的规划工作开始于20世纪70年代初。从那时起，历届美国总统都把向国民发表能源问题的国会咨文作为自己的职责，最近十年则专门发表“能源战略”。

对现有资料的分析证明，对国家最重要的宏观发展指标的预测以及对2020年前能源发展前景的指标预测，是美国现代能源战略和国家对燃料能源综合体进行调控的基础。

采用的数学模式可充分反映对外经济发展趋势，反映出联邦各部委和各州地方政府在能源领域实际工作的预期结果。预测中考虑到能源开采工艺的效率、加工和需求的增长、国际能源价格的变化、核电站停止运营造成的产能下降，以及美国国内地区能源销售市场重组过程带来的影响。

例如，1998年美国能源部制定了现阶段美国长期能源政策五个专项战略发展方向，这些战略方向至今有效，是对预测的补充，并在此框架内规定了具体任务。

最近，根据乔治·布什总统的命令制定了对国家能源政策构想新方案的报告。其中考虑到了共和党执政后提出的优先发展方向以及当前国际能源局势日益紧张的现状。

欧盟的能源战略与美国的制定方法相似，它称为《通往欧洲能源供给安全战略之路》“绿书皮”。该文件同样详细分析了燃料能源需求和生产方面的现状，预测了2030年前重要的宏观经济和能源发展指标；规定了天然气和能源市场自由化、税收政策、促进使用再生能源和降低温室效应气体的排放、科技工艺发展、对外经济合作等领域的目标和任务。

正如人们所见，美国和欧盟的能源战略绝不是政治宣言，而是详尽的综合性的纲领和预测。

由此得出第一个结论：《能源战略》是有理论依据的国家的纲领文件，它向国家提出能源保障领域的战略任务。该文件还是形成保证实施《战略》中所提出的目标和任务的法律法规的基础。

在俄罗斯联邦政府批准的《2020年前俄罗斯能源战略基本原则》中，展开（由60项条款和分条款）叙述了制定有关实施《能源战略》的机制的首要法律法规和组织文件的大纲。上述条款中绝大部分（50款）原应在2001年完成。当然，该大纲被断然否决，这也是《能源战略》需要先修改然后再确定的主要原因之一。

没有政策就没有战略

何谓能源政策？总体说，能源政策可理解为国家权力机关或社会政治运动，在可靠和高效保障俄罗斯及其各地区燃油—能源供给方面的目标明确的工作。同时也是致力于实现此目标的相互关联的法律法规体系。因此，能源政策不是一次性规定的东西，不是一次性的指令文件。

能源政策的任务和实施机制是一个发展的过程，是国家和国际能源局势的监管体系，是经济、资源和需求的可行性预测。最重要的是，能源是俄罗斯现代及子孙后代重要的国家财产，要形成并不断完善旨在保障可靠的燃料能源供给和合理使用的组织、经济、法律体制。因此，能源政策的编制工作一直在进行。同时，像任何其他工作一样，难免会出错，难免走错路。

能源战略含有能源政策的实质和精髓，它是由相关权力机构批准（或通过）、在一定时间段实行的（如10年、15年或20年）简明扼要的国家文件。

因此，战略来自政策，而不是相反，因为能源政策在先，能源战略在后。

于是得出第二个结论：有政策，就会有战略。但如果没有能源政策，特别是没有长期的前瞻性的能源政策，而是根据权宜考虑（不管是由何种原因引起的）自动作出某领域的决策，则是战略，即使出现这类战略的话，也是于事无补的，因为它根本就不可能实施。在20世纪90年代俄罗斯就发生过这种情况。

有战略就有政策

但是，尽管能源政策和能源因素从整体来看很重要，但也要看到，能源仅仅是国民经济的一部分，尽管是最重要的一部分，能源部门是在一个统一的经济空间按照各行业共同的经济规则运行的。能源发展的主要参数也是由那些共同的经济因素本身来决定，就像其他工业生产行业的发展一样，取决于国家的投资环境、税收政策、通货膨胀水平、再投资额等因素。所以能源政策（及能源政策的精髓——能源战略）的成效直接取决于国家的长期经济政策。

例如，原苏联最后一个“能源纲领”没能完成，因为没有明确的国家社会经济改造纲领和战略。所谓的“改革”被放任自流，结果一直“漂流”到苏联解体。俄罗斯《能源战略基本原则》1995年曾得到俄罗斯政府的批准，但没有得到实际贯彻。原因也在于某种程度上缺乏明确的经济政策。与此相反，著名的俄罗斯国家电气化计划曾圆满完成并超额完成，因为该计划符合国家工业化长期政策提出的任务。

由此得出第三个结论：如果一个国家没有长期经济政策（或经济发展战略），或仅是制定了概括性的经济政策，而没有形成文件，那么，《能源战略》中应有专门的章节论述所研究的时间段中能源政策的主要特点（方向）和期望达到的宏观比例和指标。

政府是否需要“战略”

最后简要谈谈俄罗斯《能源战略》制定历程。

第一个方案（2010年前）是各部委联合委员会于20世纪90年代初制定的，1995年10月由俄罗斯联邦政府令批准。然而，尽管方案中有许多设想并完成了不少工作，但该方案实际上不成功。未能完成能源战略的主要原因是，国家在某种程度上缺乏最终确定明确的燃料能源综合体发展主要参数的经济政策。

所以从1998~1999年开始，俄罗斯各部委又着手制定新版《能源战略》——这次是制定到2020年前的。在俄罗斯联邦杜马举行了战略草案听证会，俄罗斯联邦政府专家委员会审议了该草案。2000年11月

23日，俄罗斯联邦政府会议审议和批准了《能源战略》的基本原则。该《能源战略》在实业界、各地区和科技界人士中引起强烈反响。

但还没过一年半时间，《能源战略》的一些原则性建议又未能完成。因为政府批准的基本原则是以必须立即提高受国家调控的燃料一能源资源价格和税费为基础的。2001年在这一历程中有着特殊意义。但过去的一年没能通过根据《能源战略》建议的有关提高燃油和能源价格、税费的决定。按照《能源战略》规定，2001年天然气价格应提高约50%，电力价格提高35%。而实际上上述指标只相应提高了18%和30%。而这与天然气公司和能源公司的投资活动、消费者对节约使用能源资源的关心以及各级预算得到补充有关。

俄罗斯联邦政府批准的俄罗斯能源战略基本原则的出发点是，必须加大租金性质的税收比例。俄罗斯联邦总统预算咨文中也直接指出，与使用地下资源相关的纳税的租金部分具有优先权。但同样在2001年，政府提交杜马表决并通过了关于矿业开采税的法规。该法规的基础是不同租金纳税法的另外一种纳税原则。说是“为了完成得更好……”，可是在实践中，现在关于要根据油气田开发的矿业地质和经济条件来区分纳税额，关于鼓励投资和采用增加油田产油量的方法，甚至想都不去想。

此外，《能源战略》规定了监管其执行的明确机制。从上述情况可以看到，没有监管，《能源战略》是无法完成的，而且首先批准该《能源战略》的政府就无法完成。

所以就需要进一步明确能源战略，这是2001年12月6日第50号俄罗斯联邦政府会议纪要规定的。计划在2002年3月14日的俄罗斯联邦政府工作会议上研究2020年前《能源战略》的定稿。在紧迫的时间内做了几项修正，修正了涉及国家经济增长预期速度、俄罗斯对燃料和能源需求的参数预测、燃油能源系统及其产业发展的参数预测，修正了有关完善价格、税收政策的任务，提出了新的完善电力能源、天然气工业价格形成和上述产业改革阶段问题的一揽子建议。

根据现行规定，《能源战略》定稿在有关部委进行了商定，2002年2月28日能源部将该稿提交政府审议。但3月初该文件被退回做进一步修改，5月又向政府提交了完全不同的文件——不含经济、能源需求和燃料能源综合体发展的参数，也没有具体的（时间阶和数据）建议，没有任何一条规定有关国家义务。一句话，不再是空话连篇和做样子的文件。但很“好用”：无论国内发生什么事，任何时候都可以说该《能源战略》正在完成。现在，该文件仍在加工整理中，第四季度政府将再次审议该文件。

综上所述可得出最后结论：俄罗斯需要能源战略。但暂时还没有。将来会有什么样的能源战略，完全取决于俄罗斯政府。只是希望这一《能源战略》正是俄罗斯所需要的，也是俄罗斯政府所需要的能源战略。

俄罗斯石油政治面临的迫切任务

A. M. 马斯捷潘诺夫、Ю.К. 沙弗拉尼克

今年春天在伊拉克发生的战事重新诠释了世界政治和经济发展的整体趋势，它也相应影响到了俄罗斯的现在，特别是未来。在这些趋势中首先应指出的是世界能源资源需求的增长和能源市场及资源的全球化。

21世纪初，世界各地区的能源需求呈稳步增长的趋势，这主要由于世界经济的发展，以及能源在人类生活中的作用日益重要。在最近十年间，增长幅度为11%；而从1971年到2000年的30年内增长了近84%，约从50亿吨增长到92亿吨（石油当量）。据分析，在未来30年，能源需求量还将以60%~70%的幅度增长，年均涨幅为1.7%~2.0%。尽管对天然气的需求增长很快（年均约为2.4%），但是石油在所有燃料能源中仍将占主导地位。在今后30年内，世界油气需求将分别增长22亿吨石油当量（作为参考：过去的30年，即1971~2000年，石油需求增长量为11亿吨，天然气为12亿吨石油当量）。

由于能源生产及消费的地域划分日益明显，由此导致能源，特别是

石油领域的对外贸易以及整体对外政治和经济活动日益活跃，将会出现包括印度和中国在内的新的能源消费及石油进口大国。国际能源署是对燃料能源生产及消费进行长期预测最具权威的国际组织之一，据其专家分析，到2030年仅印度和中国所需石油及成品油进口量将分别达到4.75亿吨和2.55亿吨。

上述情况凸显出能源因素在世界发展进程中的作用日益增强。

另一趋势就是世界能源市场的全球化。原始的能源市场产品单一，地域局限。随着时间的推移，部分能源资源市场逐渐演变成区域性和全球性市场（如国际石油市场）；一些能源商品或能源市场也具有区域性特征（如欧洲电力和天然气市场）。

能源市场发展的最终目标是要形成具有统一“游戏”规则的全球能源空间。谁制定了这些规则，谁就会在游戏中得心应手。因此，虽然距最终建立这一空间还很遥远，但对这一空间主导地位的角逐现在就已经开始了。

目前，在世界能源市场（现在主要是指石油市场）占主导地位的是生产国即液体燃料的出口国和消费国即进口国。

美国和俄罗斯在世界石油领域处于相互对立的两极。美国是世界上最大的石油消费国（占全球消费总量的29%），至2030年它仍将保持这一地位（年消费量将会超过12亿吨，占全球消耗总量的21%）。美国消费的石油一半以上依靠进口（到2030年进口依赖度将上升至60%~65%）。

俄罗斯又重新成为世界上第一大石油开采国，其中开采量的3/4（包括成品油）用于出口。根据9月5日俄罗斯政府通过的《俄罗斯能源战略》，到2020年的开采量将增加到4.5亿~5.2亿吨，年出口量将达到2.8亿~3.55亿吨。

美国领导层极其关注能源局势，并随时准备应对局势的变化。从20世纪70年代开始，历届美国总统都制定未来15~20年能源战略（或提出能源理论）。能源安全被视为国家的重中之重。美国通过国会使本国企业与国家在国外的行动保持协调一致。

美国领导层十分清楚本国经济依赖石油，特别是进口石油的弱点，因此他们采取了先发制人的措施以保障本国能源安全，这其中就包括围绕伊拉克的事件。

俄罗斯自20世纪90年代初就开始制定长期能源政策。如第一部分所述，1992年，俄罗斯政府就通过了新的经济条件下的能源政策构想；1995年，以俄罗斯总统令的方式确定了《2010年前的俄罗斯能源政策的基本方向》，并以政府决议的形式通过了2010年前能源战略基本条款；2000年，俄罗斯政府批准了2020年前能源战略基本条款。

但是，能源战略并没有能够在现实中成为确定国家燃料能源综合体发展前景的文件，同时也没能成为国家及经营主体在能源领域行为的标准。国家权力机关出台的决议及法律性文件经常与能源战略相矛盾，如，2020年前的能源战略基本条款中指出，能源行业税收政策的基本任务是完善对石油天然气开采企业实行租金性征税的税收体系。俄罗斯联邦总统在2001年国家预算咨文报告中明确指出，对开采地下矿藏活动进行征税时，将优先实行租金性征税。然而，在2001年5月联邦政府却向国家杜马提交了联邦会议已通过的一份完全不同版本的矿藏开采税法草案。

石油行业中最为重要的因素是国际石油价格。美国作为世界上最大的石油消费国希望低石油价。廉价的石油是美国经济的推动力，也是美国国家福祉的根本。因此，它始终对石油价格施加重要影响。相反，作为石油出口国，俄罗斯则希望国际高油价，但是却从未有机会从根本上左右油价。

伊拉克战争使美国对石油价格的影响力大大增强，因为拥有丰富石油储量的地区（占世界第二至三位）处于它的影响之下。

然而，指望石油价格急剧下跌未必现实，因为美国本国的石油企业也要获取利润，同时还有客观平衡的石油价格和各方利益平衡作为制约。多数情况下，在石油价格经历几次飙升和下跌后会达到一个相对稳定的价格水平，但对石油生产国和消费国来说，这是否是一个都满意的“公平”价格，还是一个被低估了的价格，只能是由时间来验证了。

相应的，最近的伊拉克战争对俄罗斯石油领域的影响主要体现在石油价格方面。近三年来的石油价格达到近25年的最高值，但这不可能持续很长时间。也就是说，今后对俄罗斯的石油企业来说，不会总像这样的“丰收年”。

对于整个国家来说，在高油价的背景下，需要强调的是，俄罗斯并不是在增加石油开采量，而是在恢复20世纪90年代的低价格水平。80年代，俄罗斯的年开采量达到5.7亿吨，而现在产量只达到4亿吨，这能称得上是增长吗？石油开采量增长和恢复的区别在于，前者是在开采新油田，而不是在旧的、早已开发的油田中获得，它所需的投入高出后者数倍（5倍、8倍甚至10倍）。

据专家分析，最近三年俄罗斯每年向石油企业的直接投资达到80亿美元，但是要在现有水平上保持开采速度的增长，每年至少要投资150亿美元，甚至200亿~300亿美元，不能低于这一水平。

如果石油价格保持在每桶21~25美元，那么俄罗斯就可在2~3年内将年开采量稳定在4亿吨。但是在此期间内必须投资数百亿美元用于开发新油田，这样3~5年后新油田就会产油，每年的开采量就会增加。按照这种方案，我们就有机会将年开采量增加到4.5亿吨。如果油价为每桶18~20美元，那么连恢复开采量都将成为泡影，年开采量最多只能达到4亿吨。而如果石油价格跌到每桶18美元以下，并持续相当长的时间（1年、2年甚至3年），那么，俄罗斯石油企业的境况将会非常糟糕，开采量将会降低，很多项目也将会被冻结。当然，这情况不会持续太久，阿拉伯国家和其他石油生产国会竭尽全力将石油价格恢复到公平（或相对公平）的水平。

无论是俄罗斯还是美国，至少在客观上都十分关注石油价格的走势。因此无论是在八国集团的框架内，还是在俄美能源对话的框架内，都必须对这一问题的立场进行沟通并达成共识。此后，还要创造必要条件以制定并维持“公平”的石油价格，使其被消费国接受，同时又能使生产国在石油贸易中获得利润。

为降低对欧佩克国家，尤其是对波斯湾国家石油进口的依赖性，美国近来采取了一系列旨在孤立欧佩克成员国的措施，伊拉克战争仅是此政策的一个环节。同时，它还采取了一系列潜在的心理措施，包括在《石油天然气志》(*Oil & Gas Journal*)上公布了世界石油储备的精确（重新修改的）数据。据此，加拿大的石油储量（含油岩层和油砂）占世界第二位。需要指出的是，2000年，美国地质局的重新评估结果显示，俄罗斯石油储量已上升到1370亿桶，探明储量跃居世界第二位（仅次于沙特阿拉伯）。

我们经常会听到这样一种说法，即美国在控制了伊拉克的石油之后，将打着同样的反恐和推广西方生活方式的旗号，转向叙利亚和伊朗。但是，如果按照伊拉克战争的根源在于石油这一说法，那么，下一个遭受打击的对象也完全有可能是另一个地方，而打击也完全可能采取其他的方式，不一定到处都进行地毯式轰炸。控制某国的石油资源也可以采取非军事手段。而这一个遭受打击的国家可能是委内瑞拉，因为它的石油产量与伊拉克相当，打击的前奏已经开始——我们可以回想一下年初在该国发生的一系列事件。

美国在里海地区也实施了一系列保障本国能源安全的战略行动。早在20世纪90年代初，该地区就被正式宣布为美国的战略利益区。为了控制里海地区的石油资源，美国已经采取了很多行动，包括指责该地区的一些国家领导人腐败独裁和支持一些管道项目。

但是，美国这一政策会使俄罗斯感到恐惧或是恼怒吗？的确，里海地区是俄罗斯同美国利益的交叉点，且这还不仅仅涉及石油领域。现今俄罗斯是在该地区彻底地被“玩弄”了，但这只能怪自己，而不能迁怒美国，俄罗斯在这一地区现在有机会，以前也曾有过。俄罗斯曾经有，现在也仍有采取行动的时间，但这一时间是有限的。

还应指出与本文主题有关的是，伊拉克战争后里海地区的意义大为提升。在新的条件下，里海地区要么通过共同的项目成为和平地区，要么成为国际紧张局势甚至是军事行动的新的策源地。

伊拉克战争给俄罗斯造成的经济影响，我们可以作如下归纳：

1. 战争使国际石油价格和石油开采与需求平衡的不稳定性增强。而正是取决于国际石油价格的稳定性和可预测性使俄罗斯的经济增长并有充足的国家预算，这对俄罗斯是最为重要的。

2. 现在还谈不上世界上主要的石油开采区之一，海湾国家的政治稳定性。该地区某些宗教团体（包括什叶派和逊尼派）之间的均势（在此就不讨论这一均势是如何形成的）已被打破。这对最近的将来，包括对俄罗斯的经济会产生什么样的影响，任何一个尊重自己的专家都不会轻易做出预测。

3. 失去了潜在的已准备好的合同。很多俄罗斯石油天然气企业都在伊拉克从事长期投资项目。战争结束后，关于这些合同（不仅仅是石油合同），以及我们由于1991年战争后实行禁运而失去的合同等问题，都将自动地被提上日程。这给俄罗斯造成的损失是巨大的。因为早已达成了取消禁运的协议，但俄罗斯已不是该体系的成员，我们必须争取获得赔偿。俄罗斯此类的数目远远超过伊拉克对俄罗斯的国债。可以列举以下数字：未实施合同所造成的损失达300亿美元，而伊拉克欠俄罗斯的外债为80亿~120亿美元。我们已就此向俄罗斯经济部取证，该部门已证实了这些数字。

4. 对外贸易问题也不应该忘记。战前，俄罗斯同伊拉克的贸易额每年可达22亿美元，这包括机械、材料、粮食和药品供应等，有100多家不同工业门类的俄罗斯企业从事这些贸易活动。如何处理这些已达成的协议？如果这些协议被视为无效，那么俄罗斯因此而受到的损失是显而易见的，而对于一些企业来说，这一决定将是毁灭性的。

5. 最后是伊拉克对俄罗斯80亿~120亿美元的国债问题，其偿还问题在伊拉克成立合法政府后就会浮出水面。

就伊拉克的国债问题，我们认为，事态发展有可能会出现以下情况：

（1）伊拉克的任何一个政府，无论其政治取向如何，一定会声明，所有的，包括对俄罗斯在内的国债都必须偿还。此后，政府就会开始弄清国债包括哪些内容。债务还包括由机械设备等具体的供应合同构成。而对我国（及其他任何国家）的国债义务进行细化的工作至少要花两年的时间。

应当看到，伊拉克的外债总额已达到约1000亿美元。因此，在不久的将来，伊拉克的债权国将会排起一列长长的队伍，而俄罗斯在其中不会是排在前面的。

还应考虑到，无论事态如何发展，伊拉克政府都将处于两难的境地：是先偿还国债还是开展战后经济重建？政府当然会做出有利于恢复本国经济的选择。因此，不管国内政治局势如何，伊拉克偿还国债的期限如果不是拖上数十年，那也将会是很长时间。不管伊拉克如何选择，俄罗斯都无望让其在短时间内偿还国债。

（2）正像伊拉克一位新的政府领导候选人公开表示的那样，伊拉克将会视萨达姆时期的一切外债无效。历史上也有过类似情况，比如，让我们回想一下苏联的历史。

如果出现这种情况，俄罗斯该怎么办？首先，我们认为，不应当急于下结论说，既然事已至此，我们就把与伊拉克的账一笔勾销吧。但是俄罗斯与伊拉克在石油、能源方面的贸易往来以及在其他经济领域的合作关系已经有30年的历史，因此我们应当争取俄罗斯在伊拉克的利益，况且俄罗斯与当前政府及未来新政府都有讨价还价的资本。

对于俄罗斯来说，同伊拉克的什叶派开展对话并无太大问题（比如，可以通过库尔德什叶派或借助德黑兰的力量），俄罗斯是能够通过各种经贸体制来参与伊拉克的稳定化进程的。俄罗斯的石油、能源和建筑专家具有在该国工作以及同伊拉克各个阶层交往的丰富经验，并善于同当地居民保持良好关系。俄罗斯企业在伊拉克从不参与政治，而只是完成经济项目，为当地创造就业机会，并为当地培训专家。因此，他们不会受到当地居民，包括反对萨达姆·侯赛因制度的那部分阿拉伯什叶派和库尔德居民的排斥。

俄罗斯的这种地位使其能够同西方企业和跨国公司共同全方位地参与恢复伊拉克的石油开采，并共同准备和实施新的石油开采项目。

经常会听到这样的疑问：既然俄罗斯现在的石油开采量居世界之首，那么，为什么俄罗斯的石油公司还想要到伊拉克去呢？答案很简单：伊拉克石油的开采费用比国内低。而相对于我们转向开采东西伯利亚和北极海域大陆架的石油成本，伊拉克的开采成本优势更大。也就是说，在伊拉克（还有哈萨克斯坦、阿塞拜疆、土库曼斯坦、伊朗、阿尔及利亚等，还可以举出很多国家）用相同的钱可以获得多出几倍的石油，这就抵偿了一切，包括在伊拉克仅能获得的部分石油，以及为此需缴纳的税费、运费及其他费用。

因此，我们现在回到有关里海的问题上。对这一地区应当形成这样一个基本概念：除了向阿塞拜疆、土库曼斯坦、哈萨克斯坦、乌兹别克斯坦投资外，我们不应有其他战略，并且应使该地区至少30%的油气资源处于俄罗斯公司的影响和掌控之下。做到这一点是有可能的，也是现实的，因为这既符合俄罗斯的利益，同时也符合这些国家的利益。如果我们错过了时机，那么就会有其他资本介入该地区。而这些资本究竟是美国的还是欧洲的并不重要，到那时我们再笃定进入这些国家就得付出成倍的代价。

在此，我还希望就石油行业另一方面的问题谈几句，这就是俄罗斯石油政策中的欧洲取向问题。欧洲是俄罗斯石油出口的主要传统市场，将我国与欧洲牢固联系起来的不仅有共同的历史，长期的伙伴关系，而且还有大型输油管道。俄罗斯供应的石油及成品油在为欧洲很多国家提供可靠的能源保障中起着至关重要的作用。

但时间不会止步不前。全球化和一体化进程要求即使对传统的贸易形式也要采取积极的行动和寻找新的对策。在新的条件下，欧洲也应当有自己的石油加工厂、销售范围和石油化工业。“古老的”欧洲宣布了反垄断原则，并官方鼓励公司出售。比如，反垄断法问世以后，英国石油公司就正在出售自己位于德国南部的一个大型石油加工厂。在目前良好的形势下，俄罗斯企业应打入欧洲市场，以此使欧洲更易使用到俄罗斯的资源，并切实保障一体化。俄罗斯与欧洲国家有着良好的政治关系。这种好的形势可能以后就没有了。如果趁美国人正同伊拉克“纠缠”时，我们还不抓住这一良好形势而错过了时机，那么俄罗斯将会倒退到纯资源国的地位，到那时再去“抗议”就已为时晚矣。

说到同欧洲的关系，我想特别强调一下俄罗斯同挪威的关系。我们既是伙伴，同时又是竞争者（这种关系在未来几十年仍将如此）。俄罗斯开展油气业务的任务就是将挪威作为竞争对手这一事实中性化（或最小化），而是将其视为伙伴，从而最大限度地利用它。

挪威现在正在积极地利用其在发展中国家和经济转型国家的良好声誉。人们不会将它与“殖民国家”和“剥削国家”联系起来。因此，挪威正在积极并成功地扩大参与一些主要产油国家，如墨西哥、尼日利亚、伊朗、哈萨克斯坦的石油开采项目。除此之外，挪威还具有在北部地区及大陆架作业的丰富经验。

因此，挪威客观上无论在俄罗斯开发北部和大陆架油气项目中，还是俄罗斯在境外，即伊朗、墨西哥、尼日利亚等国的项目中都可以成为俄罗斯的长期伙伴。挪威在这些国家地位很强，而我国的石油公司仅刚刚开始或正着手准备在这些国家开展业务。

保障这一伙伴关系是企业和能源外交的共同任务：为此任何接触或合同都需要得到本国及国家间外交和政治的支持。

因此，无论是在伊拉克问题上，还是在里海以及欧洲取向问题上，要首先使国家与企业的步调协调一致，同时还需要开展积极的、科学的和以持续合理的国家能源政治作为支撑的能源外交。

在这一方面，美国还是有值得我们学习的地方。

俄罗斯对外能源政策和能源外交

我曾在以前的书中就世界经济和能源的全球化与自由化做过专题论述，在这一过程中，政治（对外政治）因素表现活跃。在能源领域，它表现在，各国政府在加强市场作用的同时，不断加大对本国能源的调控力度，这点在开展国际能源合作发展中也有所体现。这一现象的根源在于，国际能源合作同时伴随着为获得能源资源及其市场而展开激烈的竞争。这两个环节实质上是紧密交织和互相制约的。由此可见，如果缺乏必要的外交机制以采取相应妥协措施的话，那么在现存全球能源供应体系可能遇到巨大破坏的情况下，他们的经济与安全将会非常薄弱，各国之间的相互依存度是很高的。

各国在能源方面的相互依赖关系使得能源因素成为了各国间政治和外交关系的一种有效工具。在国际上已经有了一些借助能源因素解决国际政治问题的例证。

1. 当代世界的能源因素

在我的书中，曾详细地分析了能源因素在大国经济和对外政治中以及在整体国际政治领域中所具有的重要意义。研究结果表明，对获取能源资源及其销售市场日趋激烈的竞争是许多国家制定对外政策和开展外交活动的决定性因素。美国及其盟友为维护自身在中东地区的根本利益而采取的军事政治行动、欧佩克的石油外交，围绕争夺里海油气田所开展的各种外交斡旋等，都仅仅是以下原则性结论的几个佐证，即能源在当代世界政治中所发挥的作用丝毫不逊色于军事。许多国家，无论是工业发达国家（如美国、日本、欧盟国家），还是发展中国家（首先是欧佩克的产油国），都是以能源因素为基础来确定本国的对外政策和开展能源外交的。

在目前的国际实践中，已经形成了“对外能源政策”、“国际能源政治”、“能源外交”等专有名词和概念。与之相关的工作包括制定和落实对外政策措施，以保护国家能源安全和能源主体利益，以及利用能源牌在国际关系中实现本国的政治目标。

能源首先影响着一个国家民族安全体系中最重要的构成要素，即经济安全和能源安全。在当前条件下，国民经济拥有稳定的能源供应被视为各国保持应有国防能力的基础。而在这一领域国家始终占据主导地位，这也正说明，为什么上述提到（在能源领域）政治因素，特别是对外政治非常活跃，为什么很多国家的政府都采取强硬措施以实现能源供应多元化、推行积极的节能政策和开展国际能源合作。

在20世纪和21世纪之交，许多著名的国外专家和研究机构关于能源安全问题的观点都发生了重大变化，这与以下几个原因有关：

1. 全球两大阵营对抗（资本主义和社会主义）的政治色彩减弱；

2. 出现了新的因素，即国际恐怖主义；

3. 发达国家的能源政策时常发生变化，如在能源供过于求和燃料及能源价格处于相对低位的情况下，提高能源效率被置于次要位置；

4. 欧佩克成员国履行决议的纪律性降低。

在这一背景下，对于属于能源进口国的发达国家来说，能源安全这一概念不仅与全面保护民族经济免受燃料和能源供应中断的政策相联系，而且越来越多地体现在，这些国家以允许出口商进入本国能源市场来换取从国外资源地获取能源的保证。能源因素（首先是石油和天然气）对国际关系的影响不仅表现在能源安全上。由于油气交易是最赢利的商业活动，因此它极大地影响着所有开展能源外交国家的对外政策。这种做法不仅涉及个别公司，也涉及一些国家。此外，还应考虑到，油气工业就自身性质而言是规模最大并最具跨国特点的工业领域之一，油气业务实际上涵盖了全球。油气公司为开展贸易往来于各国之间，它们有时并不考虑国家利益。

石油和天然气在自然状态下通常是紧密分布在一起的——它们总是分布在同一个油气省份，有时还分布在同一个油气田，因此，石油和天然气的交易自然也密切相连。所以，油气领域的大型跨国公司通常都是统一的一体化的公司。

就石油和天然气对世界政治和经济的影响而言，则它们在很长时间内都是相互独立的。更准确地说，与石油相比，天然气处于从属地位，其重要性和影响力均落后于石油。这主要是由于行业的历史发展特点决定的。石油很早就在世界能源市场占据重要地位，石油市场也很早就跨越国境，发展成为国际市场。

但是在最近几年，石油和天然气的作用越来越接近，它们对国际进程的影响也变得更加一致，唯一的区别是，石油曾多次导致了国际形势严重恶化和大规模的军事冲突（例如，第一次和第二次石油危机、两伊战争、1991年科威特冲突、2003年伊拉克战争等）。随着天然气在世界能源平衡中的地位不断提高，它也将逐步发挥与石油类似的作用。

能源问题及其解决办法曾经是，也必将是一些国家制定政策的最重要的决定性因素和整个国际社会关注的焦点。能源对于保障世界经济及全球居民生活具有十分重要的战略意义，而燃料能源领域的投资项目又具有资本密集和回收周期长的特点，因此，未来能源发展可能出现的问题及趋势，以及对燃料能源供应短缺对经济增长速度可能造成影响的大小进行预测就显得极为重要。

2. 俄罗斯对外政策中的能源因素

在其他论文中已做出以下结论：在当前经济形势下，在未来几年能够对俄罗斯对外政策的实施产生有效影响的主要还是燃料能源资源方面。而且，在当前条件下，能源和积极的能源外交，可以长期作为系统的政治经济策略，帮助俄罗斯逐步摆脱经济危机和战胜外部对国家经济安全所造成的威胁。这个结论是基于一个事实，即俄罗斯作为能源大国，具有有别于其他任何国家的独特的、实际的和潜在的能力，因此，在国家的经济政策中能源因素也应该发挥最重要的作用。俄罗斯拥有巨大的世界级资源潜力和在世界经济占据重要地位的最庞大的燃料能源综合体，因此，它完全有条件和能力最大程度地利用“能源因素”协助解决国内燃料能源综合体中出现的日常问题，并提高对外经济政策的整体效果。

实践证明，俄罗斯已批准通过的有关在燃料能源综合体领域开展国际合作的决议（包括里海、管道、核电站、俄罗斯境内外的大型长期投资项目）与我们长期的对外政治利益直接相关。而且，有时我们在国外的一些具体能源项目的执行情况直接取决于整体对外政治问题解决的程度（如取消对伊拉克、利比亚、南斯拉夫、伊朗的各种制裁、巴尔干冲突，等等）。另外，在外国跨国公司背后常常隐含着世界超级大国巨大而鲜明的整体利益。早在20世纪90年代末，我们就曾一致认为：第一，必须刻不容缓地制定出一整套保障俄罗斯能源安全的对外政策；第二，能源外交应在我国整体对外政策中占据应有的地位。

这些结论被听进去了，并且在过去的几年中，在政府权力机关相应部门的纲领性文件中，以及在俄罗斯外交部和工业能源部的具体行动中都有所体现。在这一系列措施中首先应当提到的是通过的两份重要文件，即《俄罗斯2020年前能源战略的基本条例》（俄联邦政府于2000年11月23日批准通过，见№39号纪要）和《俄罗斯2020年前能源战略》（俄联邦2003年8月28日颁布政府令审核通过，见№1234号决议）。

3. 俄罗斯能源外交的目标和任务

根据俄罗斯当前的经济发展特点，根据国家的地缘政治状况和国家燃料能源综合体的潜力，俄罗斯能源外交的主要任务包括以下几个方面：

1. 从对外政策方面保障国家能源安全，恢复和巩固俄罗斯在境外一些地区的经济地位；

2. 为最大限度地发挥国内燃料能源综合体的出口潜力创造条件；

3. 确保国有能源公司（石油、天然气、电力公司等）自由且不受歧视地进入国外资源和销售市场，以及金融资源和国际上先进的能源技术；

4. 在独联体和国际社会框架内创造有效开展合作的渠道；

5. 从俄罗斯能源和地缘政治利益出发，针对不同的国家集团和集团内不同的国家制定不同的立场，确立与主要国际能源组织发展相互关系的指导思想。

在《能源战略基本条例》（2000年出版）中，上述任务体现在以下几方面：

在对外能源政策、能源外交和国际业务方面包括：

1. 保障俄罗斯的能源安全和国家独立，恢复和巩固在境外一些地区的经济地位；

2. 为最大限度地发挥国家燃料能源综合体的出口潜力创造条件；

3. 确保国有能源公司自由且不受歧视地获取国外资源和销售市场，以及金融资源和国际上先进的能源技术；

4. 鼓励外资进入国家燃料能源综合体及与其相关的经济领域；

5. 为扩大国产核能、能源技术、油气和矿山运输机械产品的出口创造条件；

6. 在独联体和国际社会框架内创造有效开展合作的渠道。

《能源战略》（2003年版）制定的俄罗斯外交的主要任务包括：

a. 为实施能源战略提供对外政策保障；

b. 为维护俄罗斯燃料能源公司在境外的利益提供外交支持；

c. 与独联体、欧亚经济共同体、东北亚、欧盟、美国，以及其他国家和国际组织在能源领域积极开展对话。

在这一文件中不仅未提及“能源外交”这个术语，而且把它的任务扩大和聚合了。

在制定《能源战略》的过程中，也确定了发展与国外伙伴相互关系的基本原则。这些基本原则在《能源战略基本条例》（2000年版）中有如下表述：

1. 与所有其他国家、组织和公司的关系应以俄联邦国家利益优先为出发点并建立在互利互惠的基础上；

2. 与独联体各国的关系拥有特别优先权，而其中与白俄罗斯的关系最为优先；

3. 除俄罗斯和联邦主体立法规定的限制外，允许外国资本以任何形式进入国家燃料能源综合体；

4. 为提高国内能源消费保障的效益和可靠性，允许国内资本以任何形式参与国外能源项目；

5. 支持国内市场开展公开和诚信竞争，同样，俄罗斯也有权为本国公司在国外市场要求同样待遇；

6. 反对采取政治和强力手段向合作伙伴施压，应遵循公平原则通过谈判来解决出现的能源问题。

在最新一版的《能源战略》中，这些原则已被省略。

根据对外能源政策所确定的目标，俄罗斯在能源领域的国际活动主要包括以下方面：

1. 出口燃料能源资源；

2. 开发他国的能源资源；

3. 进入他国国内能源市场，并与其共同拥有其能源销售网络和能源基础设施；

4. 吸引外资进入俄罗斯的能源生产、运输和改造领域；

5. 能源过境运输；

6. 国际科技和法律合作。

对俄罗斯燃料能源综合体的现状和发展前景，以及国际能源市场的分析表明，在开展以上主要国际业务时，必须注意：

- 在有俄罗斯公司参与世界能源资源和资本市场情况下，在评估出口、进口和过境运输等相互关联的政策结果时，应坚持国家在对外经济活动中的利益最大化；
- 在外贸调节能源领域建立国家政策协调机制；
- 推动出口商品结构多元化，提高高附加值产品出口量；
- 能源销售市场多元化，在保证经济效益的前提下，扩大俄罗斯公司参与国际市场的地域范围；
- 在俄罗斯感兴趣的情况下支持积极吸引外国资本；
- 开展新形式的国际能源和科技合作。

必须将加强俄罗斯在世界石油和天然气市场的地位视为战略任务，要使俄罗斯成为欧洲各国以及整个国际社会可靠和稳定的合作伙伴，以在未来的20年内最大限度地实现国内燃料综合体的出口能力和保障国家经济安全。2020年前将形成的新的现象是俄罗斯作为重要的能源供应商将参与维护国际能源安全。

4. 能源出口和能源外交的任务

在可见的未来，出口能源资源，包括完成政府间协议框架下的义务，是俄罗斯国内燃料能源综合体开展国际业务最重要的方向，同时也是俄罗斯开展对外贸易的基本方向之一。俄罗斯能源战略规定，要保持能源出口的总量，特别是天然气和液体燃料的出口量，同时根据市场需求和燃料能源综合体的能力扩大向外部市场的供给量。在预测期的后半个阶段内，俄罗斯有可能会大举进入国际液化天然气市场，并开始出口合成发动机燃料。

能源出口的增长速度将首先取决于国外市场价格和俄罗斯燃料能源开采（生产）的成本之间的关系。油气出口规模还受到产品分成协议的条件下，外资参与生产比重的影响。与此同时，出口政策应考虑到因国际行情的周期性和欧佩克的积极活动所可能引起的石油价格的巨幅波动，以及由于欧洲天然气市场自由化可能引起的天然气价格下跌。

为维护能源和经济安全必须寻求能源出口多元化，发展俄罗斯能源向北、向东和向南的出口流向，增加这些方向的能源出口比重。多元化的基本条件是发展相应的基础运输设施（油气长输管道和海上出口终端等）。

未来，俄罗斯与其他国家间电网系统的传输量将有巨大增长，为此需要俄罗斯、白俄罗斯及独联体其他国家的电力系统与南欧、中欧和西欧跨国能源企业联手开展工作。广泛讨论的与东北亚各国相连的“能源桥梁”计划可为大型欧亚能源系统的建立奠定基础。

需要继续与欧盟各国进一步开展建设性的能源对话，它开始得很成功，但近几年在某种程度上不甚活跃。到今天为止欧洲各国总体上仍然是俄罗斯燃料能源资源的主要销售市场。为保持俄罗斯在这一市场的地位，就必须使与欧洲伙伴的合作方式多样化。这些方式应包括：实施共同的投资项目（首先是能源运输项目）、广泛吸引欧洲投资者进入俄罗斯境内的油气开发项目（其中包括在产品分成协议和租让合同条件下开展合作）和在节能领域开展协作。

在未来的一段时间内，欧洲市场将仍然是俄罗斯能源资源的主要出口市场。根据欧盟颁布的绿皮书《欧洲能源安全供应战略之路》（欧盟独特的能源战略，2000年11月批准通过）的预测，2020年，欧盟（扩大到30个成员国）原油净进口量将达到近6.4亿吨，天然气超过4000

亿立方米。需求的大部分可以（也应该）由俄罗斯供应。

但是，扩大对欧洲市场的能源出口就需要发展相应的运输基础设施。首先要在克拉半岛建立新的深水码头，以及相应的管道系统；建设波罗的海原油管道系统二期工程，并在普里摩尔斯克港建设新的成品油管道；建设里海—黑海—地中海方向的管道；连接“友谊”管道和“阿德里亚”管道系统；建设天然气长输管道，其中包括：亚马尔—欧洲和北欧管道系统；扩建摩尔曼斯克深水港和乌斯奇—鲁格港的煤炭终端设施等。

欧盟的不断扩大以及其各国的经济发展对俄罗斯扩大向该地区市场的出口，并在向欧洲各国出口能源中实现国家利益最大化起到了积极的作用。未来还将建立统一的欧洲经济和能源空间。因此，必须对俄罗斯国内天然气市场进行改革，并确保其与欧洲自由化天然气市场形成良好的协调关系。

针对西欧国家，俄罗斯的战略任务是进一步增加在该地区能源批发市场的份额和开发零售（其国内）市场。俄罗斯的能源外交的任务应与保护主义倾向和对俄罗斯能源进入这一市场的各种间接限制措施做斗争，争取取消关税壁垒和改善俄罗斯能源产品的销售条件，使俄罗斯未来仍然作为整个欧洲能源市场长期最大的供应商。

至于中欧和东欧地区，由于该地区的大部分国家在未来五年将加入欧盟，因此，俄罗斯对这一地区能源外交的战略任务是：通过参与现有项目的私有化改造和新建项目，以及组建合资企业的方式来保障俄罗斯在互利的条件下参与该地区能源企业（首先是油气运输和配送系统的企业）的运营。

来自地区及地区外油气出口商的竞争日益激烈。在这种情况下，俄罗斯保持本国资源在欧洲市场的竞争性，确保互利和可靠的能源运输条件显得尤为重要。国内能源企业与西方大公司结成战略联盟是符合俄罗斯的利益的，因为这将有助于在欧洲能源市场开发新的合作模式。

5. 俄罗斯能源外交在世界不同地区的优先方向

未来几年在欧洲地区，对于能源外交的优先方向包括共同起草确定欧洲能源系统未来15~20年发展及一体化的方向和机制的《欧洲能源战略》。

如前所述，在利用欧洲能源销售市场潜力的同时，俄罗斯还追求出口方向多元化。在规划期的第一阶段结束时，将落实一系列措施，以从根本上实现俄罗斯能源向东和向南方向出口的多元化。在接下来的几年，这些方向（首先是东北亚和亚太地区国家）将在俄罗斯能源出口的地域结构上占据更大的比重。

要发展上述方面，不仅要发展相应俄罗斯东部地区的燃料能源综合体，而且还要发展和建设大型能源运输基础设施，如向中国和其他东北亚国家，以及日本海沿岸的油气长输管道，石油和煤炭出口终端设施、液化天然气加工厂和终端设施和铁路干线等。

俄罗斯在亚太地区开展能源外交的总体指导思想是创造条件并坚持遵循在能源领域开展广泛和互利的国际合作原则，具体包括：

1. 共同开发包括太平洋大陆架地区在内的俄罗斯东部地区的燃料能源资源；

2. 获得并共同开发亚太地区其他国家境内的油气资源；

3. 建立跨国长距离和超长距离的能源输送系统（管道系统和输电线路）；

4. 帮助向该地区一些国家建立和发展本国燃料能源综合体；

5. 建设发电设施（包括以新一代核反应堆为基础的发电设施）和输电配送网络。

俄罗斯在南亚的战略任务是促进国内企业恢复和发展（在这一地区的）能源机械制造业，以及从事燃料能源综合体设施建设的高级劳动力市场。

在该地区能源外交的主要优先方向包括：

1. 全面支持建设和发展包括核能在内的当地燃料能源综合体；

2. 在实施所有重大项目时，实现俄罗斯企业与当地资本的紧密合作；

3. 以合资企业的形式建立基地，开发其他地区的新市场。

对俄罗斯最具前景的目标市场是北美能源市场。美国经济已经告别衰退，并将呈长期增长的态势。这一预测标志着其能源消费将进一步扩大。俄罗斯的利益首先在于保证向该市场稳定供应原油。美国可以成为俄罗斯石油工业产品长期的销售市场，而美国的资本还是发展俄罗斯石油行业及出口运输设施的资金来源。此外，美国现在是俄罗斯核能产品，将来还会是液化天然气的前景销售市场。

俄罗斯对美国的能源外交任务是，首先，在能源领域各方面建立平等互利的经济和科技合作关系，全面促进美国实业界与俄罗斯的合作，同时，对进一步分割苏联经济空间的行动保持最大程度的中立。

对美国最重要的能源外交任务是，在两国地缘政治和能源利益对等，以及遵守友好竞争原则的基础上建立长期战略联盟。

尽管俄联邦政府批准通过的《能源战略》中对与独联体各国的能源合作的表述与其他类似文件相比较为空洞乏味，但这一方面从传统上就是俄罗斯长期能源政策最重要的优先方向。

与独联体各国能源合作的主要内容包括：

1. 利用大型（联合）电力、天然气、石油、成品油供应系统及其所属企业合作的客观优势，全面推动能源一体化进程，提高系统经济效益与运营的安全性和灵活性；

2. 确保连接俄罗斯与欧洲及世界其他国家并过境独联体的各种燃料能源运输设施的运行安全；

3. 独联体框架内，协调并商定与能源贸易和运输有关的税收、价格和运输费的政策；

4. 保持和实行燃料能源生产和消费领域统一的技术和生态政策；

5. 协调长期能源政策，制定并落实旨在确保整个独联体及各个成员国能源安全的各项措施。

俄罗斯希望能够长期和大规模地将独联体国家的碳氢化合物资源（特别是天然气）引入俄罗斯的燃料能源综合体。这不仅可以为后代节省俄罗斯北部天然气田的资源，避免加大对气田开发的投资，同时还有助于缓解进入对俄罗斯具有战略利益市场的竞争压力。

俄罗斯公司参与独联体境内的能源运输基础设施扩建项目符合俄罗斯的利益。合作的优先方向包括：恢复和进一步发展独联体统一电力系统、巩固矿产原料基地、参与油气田的开发和运营和在独联体内建设电力设施。战略优先方向还包括解决与里海有关问题，包括起草确定里海法律地位的公约。

关于中东（包括北非），它们客观上既是油气市场上俄罗斯最大的竞争者，同时也是发展俄罗斯燃料能源综合体所需资金最大的潜在来源。该地区的一些国家在发展本国能源工业时，曾得到俄罗斯在经济和科技方面的援助，同时也是俄罗斯一些能源品种的进口国。

根据该地区的这一特点，俄罗斯能源外交的基本方向在于制定最大程度协商一致的市场政策，以避免油气价格剧烈波动所造成的经济动荡和最终给所有能源生产国带来的损失。

俄罗斯在这一地区能源外交的其他优先任务包括：

1. 吸引该地区的欧佩克成员国投资俄罗斯油气领域；

2. 支持该地区国家为建立和发展本国燃料能源综合体所做的努力，为俄罗斯公司与当地资本共同参与重大能源项目创造条件；

3. 获取该地区的油气资源；

4. 参与建立该地区大型出口设施的建设，并推动国内科技领域中的高新技术进入该地区市场。

6. 能源过境运输

国际能源合作及能源贸易的发展、许多工业发达国家对进口能源依赖度的增加，以及燃料能源生产者希望自己的产品更容易进入其销售市场，以上这些因素都导致能源过境运输成为国际能源工业的战略问题［注：过境运输是指能源资源经过一个或几个国家，至少穿越两个国家国境线（包括港口）的运输］。

在制定《俄罗斯能源战略》时考虑到，天然气、石油和电力等主要能源品种的过境运输具有以下重要特征：

1. 过境运输需要投资巨大且目标单一的固定基础设施；

2. 长输油气管道及跨国高压输电线路相互依赖性强，并具有风险；

3. 对所有跨国运输系统都要求签署多边协议；

4. 过境运输是发展对外经济活动高速高效的一种方式；

5. 开展过境运输需要解决一系列政治、经济和法律问题。

俄罗斯的地理位置和地缘政治地位独特：一方面，它的主要能源出口依赖于邻国的过境运输政策；另一方面，它也是中亚和沿里海各国能源出口重要的过境运输走廊，因此，过境运输问题对俄罗斯具有特别的意义。

综上所述，俄罗斯具备所有必要的客观条件，以使过境运输能够保障其能源供应的可靠性及其能源出口的有效性，并从过境运输中获得收益。

关于开展能源外交的机制，在此需要指出以下几种方式：对于双边关系，首先是传统的工作机构，即混委会、委员会等，工作基础主要是条约、协定、声明等。对于多边关系，主要的工作机制包括能源宪章代表大会框架下的谈判、参加亚太经济合作论坛及其他地区组织的能源小组。俄罗斯在全球范围内最重要的能源外交机制是在每年度的国际能源大会上参加能源消费国与供应国的对话，在与国际能源署的合作声明基础上和八国峰会框架内与工业发达国家开展合作以及非欧佩克石油输出国和欧佩克框架下与主要石油出口国开展合作。

俄罗斯在加入能源供应国国际联盟时必须符合国家整体利益。俄罗斯应该实施建设性对话政策，不仅与能源纯进口国和俄罗斯能源产品潜在购买国，同时也应与石油、天然气、煤炭等能源纯出口国开展建设性对话。

俄罗斯联邦地区能源安全体系石油行业状况分析方法

A.M.马斯捷潘诺夫、A.A.库克林、A.Л.梅津

B.B.布舒耶夫、Ю.K.沙弗拉尼克、A.B.卡林娜

绪 论

本文是作者在能源和经济安全问题研究过程中的阶段性成果。

在专著《燃料动力综合体与国家》中对保障国家能源安全的理论基础、对主要安全威胁和不稳定因素的分析、巩固国家能源安全的能力、形成和实施有效的国家现代能源战略的途径进行了论述，该书[见参考书目1—下同]于2000年作为莫斯科国家知识出版社出版的多卷本《俄罗斯安全：法律、社会经济、科技》中专题集《能源安全》出版。

在该专题集中，《俄罗斯石油综合体》专著（也是在2000年出版）[2]在国内第一次从研究《燃料动力综合体与国家》的能源安全角度对俄罗斯石油综合体——现代俄罗斯主要经济部门的发展前景和问题及石油综合体对国家的地缘政治和经济状况产生的影响进行了分析。作者特

别重视资源基础分析、石油开采潜力、石油在世界经济与政治中所起的作用以及俄罗斯石油综合体参与国际合作的问题。

作者的进一步研究主要是制定和完善对不同层面（从国家到地区）区域的经济和能源安全的综合分析方法，而指标分析法则是该方法的基础。研究过程中还制定了确定安全指标临界值的方法，提出了俄罗斯各地区（作者指的是联邦大区和各联邦主体）经济和能源安全指标临界值体系。

本文对与俄罗斯经济中与石油行业相关的能源安全问题重新进行了研究。其现实性在于，在国民经济改革过程中国家经济结构发生了根本性的变化，原料行业，首先是石油天然气综合体在经济中开始起到决定性的作用。如今，燃料工业在俄罗斯工业生产行业结构中的份额超过20%，国家预算在很大程度上取决于石油天然气综合体的经营状况，国家经济状况直接受国际市场石油价格的影响。

因此，对俄罗斯及其各地区经济中石油行业状况以及对地区经济和能源安全状况的影响进行分析就具有很高的价值，并且，分析结果有助于建立消除石油领域和区域性经济中负面影响的措施体系、制定对其稳固发展更加有效的措施。本文新建议的方法正是为了完成这些任务。

作者把成功运用于俄罗斯各地区经济安全状况分析中的指标分析方法作为该方法的基础。

整套方法适用于俄罗斯各级地区的能源和经济安全监控体系。

1. 石油行业状况分析方法

1.1 总则

地区经济和能源安全概念是分析方法的基础，全体作者在各自的研究中都遵循了该概念的下列解释。

所谓地区层次（州、共和国、联邦大区）的区域经济安全[3-6]，是指说明地区经济现状、经济向前发展的稳定性和持续性、经济的独立程度以及与联邦经济一体化水平的所有条件因素，具体表现在以下几点：

- 在联邦框架内实行本地区经济政策的能力；
- 沉着应对联邦区域内激烈地缘经济变化的能力；
- （在不依靠联邦资助的情况下）针对在联邦层面上所发生的局部经济危机或者经济失误（错误）引起的紧急社会状况实行（或者至少是开始实行）重大经济措施；
- 当邻接的州、共和国或地区发生对本地区经济利益产生负面影响的经济失衡状况时，是否具有在谈判基础上对其进行帮助的能力；
- 能够稳定保持区域内现行经济定额标准符合国际惯例（或者符合某一时间段内为本地区既定的标准），以保持（或恢复）居民生活应有的水平。

根据作者制定的方法[5、6及其他]，经济安全分析按12个活动领域进行，这些领域可划分为三大类：

1. 地区经济持续增长的能力

1.1. 投资安全

1.2. 生产安全

1.3. 科技安全

1.4. 对外经济安全

1.5. 财政安全

1.6. 能源安全

2. 保障地区内可接受的生存水平

2.1. 居民生活水平

2.2. 劳动力市场

2.3. 人口安全

2.4. 法制

2.5. 食品安全

3. 生态安全

从上面的目录可以看出，能源安全是经济安全内各平行领域之一。下面给出能源安全的扩展概念。

能源安全可以理解为一种社会和经济状况，当存在外部或内部性质的威胁以及经济、社会政治、自然和基因技术方面的不稳定因素时，它能够在有效利用燃料动力潜力的基础上保持国家必要的经济安全和国家安全，消除并弥补这些不稳定因素和威胁所带来的负面影响，即：

- 依靠燃料动力综合体的可靠运营，在正常和非正常条件下为至关重要的用户提供能源供应保障，从而为国家经济基础和社会基础的发展提供必要的条件。

- 提高燃料动力资源的有效利用，促进形成国家经济向能源节约型发展的必要条件。

- 支持有经济根据的能源载体出口。
- 满足技术和生态安全的要求。
- 促进巩固内部和外部的一体化联系 [8]。

现代概念的能源学被当做能源需求和能源供应系统的综合体来研究，能源需求系统是社会活动的所有生产和非生产领域不可分割的一部分，能源供应系统是相互联系的生产领域内各系统的总和：即能源系统本身、燃气供应系统、石油供应系统、煤炭供应系统和核能源供应系统（见图1.1）。

相应的，也可将地区石油行业看做石油开采工业和石油加工工业、石油供应及石油与石油产品销售系统的总和来研究。

在分析俄罗斯联邦各地区的石油行业状况时，使用了指标分析法。作者在以前有关俄罗斯联邦地区经济与能源安全问题的研究著作中就成功地使用了该方法[4–11及其他]。根据该方法，石油行业状况的评价建立在对各指标（分为几个指标组）的综合分析上，这些指标说明了地区石油工业企业和地区石油供应的各个方面。石油行业状况的所有指标可按照下列各组进行分类：

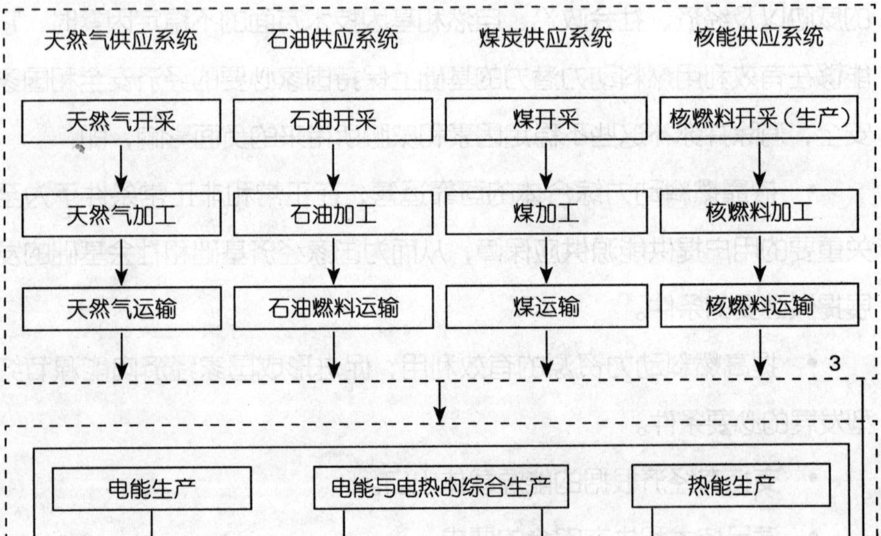

图 1.1 能源系统总结构

1 – 能源需求系统；2 – 能源供应系统；3 – 燃料供应系统

1. 石油与石油产品的供应。

2. 石油工业生产性固定资产的再生产。

3. 生态。

4. 财政经济。

5. 石油企业工作效率。

俄罗斯地区能源安全结构中石油行业状况的指标组成建议见附件1.2。

在确定石油行业状况时，要以作者以前的作品为基础[4-11及其他]，再加上对下列每个指标状况的估计：

- 正常状况
- 危机前状况
- 危机时状况

同样，危机前区域也分为三个阶段：危机前1（初始阶段）、危机前2（发展阶段）、危机前3（危机阶段，即将进入危机区域）。危机区域也分为三个阶段——危机1（不稳定阶段）、危机2（危险阶段）、危机3（异常阶段）。

指标 X_{ij}^{t} 值和临界值之间的关系能决定按照被分析指标i将主体j列入哪一种状况。

在对石油行业的状况进行分析时，必须按照各个指标对状况进行评价，然后按照各指标组进行综合性评价。

该算法是作者在研究俄罗斯联邦地区经济和能源安全综合分析方法过程中得到的，在公开发表的作品中进行过仔细的研究[4-11及其他]。

对于石油行业状况指标来说，临界值的确定是一个单独的问题。为此作者制定了以识别分析法为基础的分析方法，该方法为形态识别理论方法之一，其使用的算法和实例见[7、9]。

1.2 俄罗斯联邦地区能源安全体系中石油行业状况指标

正如附件1.1中所示，地区能源安全体系中石油行业状况指标分为5组：

1. 石油与石油产品保障程度组。

2. 石油工业生产性固定资产再生产组。

3. 生态组。

4. 财政经济组。

5. 石油企业活动效益组。

以下是每组的指标组成。

1.2.1 石油与石油产品保障程度组

对该组的综合评价以三个指标为基础：

- 石油矿产储量保障程度综合指标（$\alpha^t_{обеспнеф}$）。该指标由两个更具体的指标相加得出，每个指标都需要加上相同的权数，这两个更具体的指标为：

o已探明可采石油储量保障程度（$\alpha^t_{нефразв}$）年；

o在报告年内已探明可采石油储量的增长与其年开采量的比例（$\alpha^t_{нефприр}$）相对单位；

- 主要石油产品生产的自有资源保障程度（$\alpha^t_{собнпрб}$）%；

- 主要石油燃料季节性储备保障程度（$\alpha^t_{запнеф}$）。该指标由四个更具体的指标相加得出，每个指标都需要加上相同的权数，这四个更具体的指标为：

o车用汽油的季节性储备（$\alpha^t_{запаб}$）天；

o柴油的季节性储备（$\alpha^t_{запдт}$）天；

o重燃油的季节性储备（$\alpha^{t}_{запмаз}$）天；

o航空煤油的季节性储备（$\alpha^{t}_{запавиа}$）天。

- 地区市场上主要发动机燃料价格行情稳定性综合指标（$\alpha^{t}_{ценмот}$）。

该指标由两个更具体的指标相加得出，每个指标都需要加上相同的权数，这两个更具体的指标为：

o车用汽油消费价格指数（$\alpha^{t}_{ценбенз}$）%；

o柴油消费价格指数（$\alpha^{t}_{цендиз}$）%。

地区层面上已探明的可采石油储量保障程度指标（$\alpha^{t}_{нефразв}$）与报告年内已探明的可采石油储量的增长与其年开采量的比例指标（$\alpha^{t}_{нефприр}$）只针对自产石油资源丰富地区。对于其他地区暂不做分析。

已探明可采石油储量保障程度按下面公式计算：

$$\alpha^{t}_{нефразв}=\frac{З^{t}_{нефразв}}{R^{t}_{неф}} \tag{1.1}$$

式中 $З^{t}_{нефразв}$ – 已探明可采石油储量，百万吨；

$R^{t}_{неф}$ – 石油开采量，百万吨。

在报告年内已探明可采石油储量的增长与其年开采量的比例按下面公式计算：

$$\alpha^{t}_{нефприр}=\frac{П^{t}_{нефзап}}{R^{t}_{неф}}\bullet 100\% \tag{1.2}$$

其中 $П^{t}_{нефзап}$ – 已探明可采石油储量的年增长量，百万吨。

主要石油产品生产的自有资源保障程度按下面公式计算：

$$\alpha^{t}_{собнпрб}=\frac{R^{t}_{нпр}}{B^{t}_{нпр}}\bullet 100\% \tag{1.3}$$

式中 $R^{t}_{нпр}$ – 主要石油产品生产的自有资源，百万吨标准燃料；

$B^t_{нпр}$ – 主要石油产品消费，百万吨标准燃料。

主要石油产品生产的自有资源按下面公式计算：

$$R^t_{нпр} = R^t_{аб} \bullet a_{аб} + R^t_{дт} \bullet a_{дт} + R^t_{м} \bullet a_{м} + R^t_{авиа} \bullet a_{авиа} \qquad (1.4)$$

式中 $R^t_{аб}, R^t_{дт}, R^t_{м}$ и $R^t_{авиа}$ – 依次为车用汽油、柴油、重燃油和航空煤油的生产，百万吨；

$a_{аб}, a_{дт}, a_{м}$ и $a_{авиа}$ – 依次为车用汽油、发动机燃料、重燃油和航空煤油由自然值向标准燃料转换的平均系数，吨标准燃料/吨。

主要石油产品消费按下面公式计算：

$$B^t_{нпр} = B^t_{аб} \bullet a_{аб} + B^t_{дт} \bullet a_{дт} + B^t_{м} \bullet a_{м} + B^t_{авиа} \bullet a_{авиа} \qquad (1.5)$$

式中 $B^t_{аб}, B^t_{дт}, B^t_{м}$ и $B^t_{авиа}$ – 依次为车用汽油、柴油、重燃油和航空煤油的消费，百万吨。

在分析石油行业的状况时，主要石油产品生产的自有资源保障指标只针对俄罗斯联邦大联邦区，本指标对联邦主体暂不做考虑。

车用汽油的季节性储备指标（$\alpha^t_{запаб}$）、柴油的季节性储备指标（$\alpha^t_{запдт}$）、重燃油的季节性储备指标（$\alpha^t_{запмаз}$）和航空煤油的季节性储备指标（$\alpha^t_{запавиа}$）不做计算，而直接从统计数据中获得，时间从上述几种燃料供应最紧张阶段开始，对于车用汽油和柴油取本年度的8月31日，对于重燃油取本年度的供暖期开始（10月1—15日），对航空煤油取本年度的6月1日。

车用汽油的消费价格指数指标（$\alpha^t_{ценбенз}$）和柴油的消费价格指数指标（$\alpha^t_{цендиз}$）不做计算，而直接从统计数据中获得，为本年度12月到下年度12月之间的价格比，用百分比表示。

1.2.2 石油工业生产性固定资产再生产组

对该组的综合评价以下列两个指标为基础：

- 石油工业企业生产性固定资产损耗程度综合指标 $(\alpha^t_{изнеф})$。该指标由两个更具体的指标相加得出，其中每个指标都需要考虑加权，以确定石油工业某领域对地区所具有的重要性。权数与石油开采和石油加工工业生产性固定资产成反比（在综合指标中权数始终等于1)。这两个指标为：
  - o 石油开采企业生产性固定资产损耗程度 $(\alpha^t_{изндоб})$ %；
  - o 石油加工企业生产性固定资产损耗程度 $(\alpha^t_{изнпрб})$ %。
- 石油工业企业投资水平综合指标 $(\alpha^t_{изнеф})$ 。该指标由两个更具体的指标相加得出，其中每个指标都需要考虑加权，以确定石油工业某领域对地区所具有的重要性。权数与石油开采和石油加工工业生产性固定资产成反比（在综合指标中权数始终等于1)。这两个指标为：
  - o 石油开采企业投资水平 $(\alpha^t_{инвндоб})$ %；
  - o 石油加工企业投资水平 $(\alpha^t_{инвнпрб})$ %。

石油开采 $(\alpha^t_{изндоб})$ 和石油加工 $(\alpha^t_{изнпрб})$ 企业生产性固定资产损耗程度不做计算，而直接从统计数据中获得。

石油开采企业投资水平按下面公式计算：

$$\alpha^t_{инвндоб} = K^t_{инвндоб} \bullet (1 - \frac{\alpha^t_{изндоб}}{100}), K^t_{инвндоб} = \frac{V^t_{капндоб}}{V^t_{годндоб}} \bullet 100\% \quad (1.6)$$

式中 $V^t_{капндоб}$ – 石油开采企业固定资本投资，百万卢布；

$V^t_{годндоб}$ – 石油开采企业产品年产值，百万卢布。

石油加工企业投资水平按下面公式计算：

$$\alpha^t_{инвнпрб} = K^t_{инвнпрб} \bullet (1 - \frac{\alpha^t_{изнпрб}}{100}),\ K^t_{инвнпрб} = \frac{V^t_{капнпрб}}{V^t_{годнпрб}} \bullet 100\% \qquad (1.7)$$

式中 $V^t_{капнпрб}$ – 石油加工企业固定资本投资，百万卢布；

$V^t_{годнпрб}$ – 石油加工企业产品年产值，百万卢布。

1.2.3 生态组

对该组的综合评价以下列两个指标为基础：

- 石油工业企业单位面积有害物大气排放量$\left(\alpha^t_{атмнеф}\right)$吨/平方公里；
- 石油工业企业活动生态效益$\left(\alpha^t_{экэфнеф}\right)$千克/吨标准燃料。

石油工业企业单位面积有害物大气排放量按下面公式计算：

$$\alpha^t_{атмнеф} = \frac{M^t_{атмнеф}}{F} \qquad (1.8)$$

式中 $M^t_{атмнеф}$ – 石油工业企业有害物大气排放量，千吨；

F – 土地面积，千平方公里。

石油工业企业活动生态效益按下面公式计算：

$$\alpha^t_{экэфнеф} = \frac{M^t_{атмнеф}}{R^t_{нпр} + R^t_{неф} + R^t_{прмот}} \qquad (1.9)$$

式中 $R^t_{прмот}$ – 其他发动机燃料的生产，百万吨标准燃料；

其他发动机燃料的生产按下面公式计算：

$$R^t_{прмот} = R^t_{прмотнат} \bullet a_{прмот} \qquad (1.10)$$

式中 $R^t_{прмотнат}$ – 天然形式的其他发动机燃料的生产，百万吨；

$a_{прмот}$ – 所生产其他发动机燃料从自然值向标准燃料转换的平均系数，吨标准燃料/吨。

1.2.4 财政经济组

对该组的综合评价以下列两个指标为基础：

• 石油工业企业拖欠贷款综合指标 $\left(\alpha^{t}_{проскрнеф}\right)$。该指标由两个更具体的指标相加得出，其中每个指标都需要考虑加权，以确定石油工业某领域对地区所具有的重要性。权数与石油开采和石油加工工业产品产量成反比（和以前的公式相同，在综合指标中权数始终等于 1）。这两个指标为：

o 石油开采企业拖欠贷款与其产品年产值的比例 $\left(\alpha^{t}_{проскрндоб}\right)$ %；

o 石油加工企业拖欠贷款与其产品年产值的比例 $\left(\alpha^{t}_{проскрнпрб}\right)$ %。

• 石油工业企业结算利润与其产品年产值的比例 $\left(\alpha^{t}_{прибнеф}\right)$。该指标由两个更具体的指标相加得出，其中每个指标都需要考虑加权，以确定石油工业某领域对地区所具有的重要性。权数的确定方法与第一个指标相同，与石油开采和石油加工工业产品产量成反比。这两个指标为：

o 石油开采企业结算利润与其产品年产值的比例 $\left(\alpha^{t}_{прибндоб}\right)$ %；

o 石油加工企业结算利润与其产品年产值的比例 $\left(\alpha^{t}_{прибнпрб}\right)$ %。

年终石油开采企业拖欠贷款与其产品年产值的比例按下面公式计算：

$$\alpha^{t}_{проскрндоб} = \frac{З^{t}_{крпрндоб}}{V^{t}_{годндоб}} \bullet 100\% \tag{1.11}$$

式中 $З^{t}_{крпрндоб}$ – 所分析阶段末期石油开采企业拖欠贷款，百万卢布。

年终石油加工企业拖欠贷款与其产品年产值的比例按下面公式计算：

$$\alpha^{t}_{проскрнпрб} = \frac{З^{t}_{крпрнпрб}}{V^{t}_{годнпрб}} \bullet 100\% \tag{1.12}$$

式中 $З^{t}_{крпрнпрб}$ – 所分析阶段末期石油加工企业拖欠贷款，百万卢布。

石油开采企业结算利润与其产品年产值的比例按下面公式计算：

$$\alpha^{t}_{прибндоб} = \frac{П^{t}_{ндоб}}{V^{t}_{годндоб}} \bullet 100\% \quad (1.13)$$

式中 $П^{t}_{ндоб}$ – 石油开采企业结算利润，百万卢布。

石油加工企业结算利润与其产品年产值的比例按下面公式计算：

$$\alpha^{t}_{прибнпрб} = \frac{П^{t}_{нпрб}}{V^{t}_{годнпрб}} \bullet 100\% \quad (1.14)$$

式中 $П^{t}_{нпрб}$ – 石油加工企业结算利润，百万卢布。

1.2.5 石油企业工作效益组

对该组的综合评价以下列三个指标为基础：

- 石油加工企业年平均生产能力负荷 $(\alpha^{t}_{загрнпрб})$ %；
- 石油加工企业的石油加工深度 $(\alpha^{t}_{глубнпрб})$ %；
- 石油工业劳动生产率综合指标 $(\alpha^{t}_{труднеф})$。该指标由两个更具体的指标相加得出，其中每个指标都需要考虑加权，以确定石油工业某领域对地区所具有的重要性。权数的确定方法与第一个指标相同（和以前的公式相同，在综合指标中权数始终等于1），与石油开采和石油加工工业产品产量成反比。这两个指标为：
  - o 石油开采企业劳动生产率 $(\alpha^{t}_{труднд6})$，千美元/人；
  - o 石油加工企业劳动生产率 $(\alpha^{t}_{труднпрб})$，千美元/人。

石油加工企业年平均生产能力负荷 $(\alpha^{t}_{загрнпрб})$ 和石油加工深度指标不做计算，而直接从统计数据中获得，并且根据这些指标所作的状态分析只针对石油加工工业发达地区。

石油开采企业劳动生产率按下面公式计算：

$$\alpha_{труднд6} = \frac{V^t_{годнд6}}{Ч^t_{нд6} \cdot k^t_{долл}} \quad (1.15)$$

式中 $Ч^t_{нд6}$ – 石油开采企业年平均工作人数，人；

$k^t_{долл}$ – 卢布兑美元年平均汇率，卢布/美元。

$$\alpha_{труднпр6} = \frac{V^t_{годнпр6}}{Ч^t_{нпр6} \cdot k^t_{долл}} \quad (1.16)$$

式中 $Ч^t_{нпр6}$ – 石油加工企业年平均工作人数，人。

地区能源安全体系中石油行业状态评价指标组成见表1.1。具有代表性地区的石油行业状态指标临界值见附表1。

表1.1　地区层面上的石油行业状态指标

指标组与指标名称	计量单位
1. 石油与石油产品保障程度组	
1.1 石油矿产储量保障程度综合指标	—
1.1.1 已探明可采石油储量保障程度	年
1.1.2 在报告年内已探明可采石油储量的增长与其年开采量的比例	相对单位
1.2 主要石油产品生产的自有资源保障程度	%
1.3 主要石油燃料季节性储备保障程度综合指标	—
1.3.1 车用汽油的季节性储备	天
1.3.2 柴油的季节性储备	天
1.3.3 重燃油的季节性储备	天
1.3.4 航空煤油的季节性储备	天
1.4 地区市场上主要发动机燃料价格行情稳定性综合指标	—
1.4.1 车用汽油消费价格指数	%
1.4.2 柴油消费价格指数	%
2. 石油工业中生产性固定资产再生产组	
2.1 石油工业企业生产性固定资产损耗程度综合指标	—
2.1.1 石油开采企业生产性固定资产损耗程度	%
2.1.2 石油加工企业生产性固定资产损耗程度	%
2.2 石油工业企业投资水平综合指标	—
2.2.1 石油开采企业投资水平	%

续表

2.2.2 石油加工企业投资水平	%
3. 生态组	
3.1 石油工业企业单位面积有害物大气排放量	吨/平方公里
3.2 石油企业活动生态效益	千克/吨标准燃料
4. 财政经济组	
4.1 石油工业企业拖欠贷款综合指标	—
4.1.1 石油开采企业拖欠贷款与其产品年产值的比例	%
4.1.2 石油加工企业拖欠贷款与其产品年产值的比例	%
4.2 石油工业企业结算利润与其产品年产值的比例	—
4.2.1 石油开采企业结算利润与其产品年产值的比例	%
4.2.2 石油加工企业拖欠贷款与其产品年产值的比例	%
5. 石油企业工作效益组	
5.1 石油加工企业年平均生产能力负荷	%
5.2 石油加工企业的石油加工深度	%
5.3 石油工业劳动生产率综合指标	—
5.3.1 石油开采企业劳动生产率	千美元/人
5.3.2 石油加工企业劳动生产率	千美元/人

2. 石油行业对地区经济和能源安全状态影响的评价方法

2.1 石油行业对地区经济安全影响的评价

俄罗斯地区经济安全分析方法是评价石油行业对地区经济安全所产生影响的基础[6、7、9、10]。为了评价石油行业对经济安全所产生的影响，制定了以下两套方案：

1. 第一套方案符合地区经济安全的实际状况，考虑了石油工业活动的结果。该方案的经济安全状况分析以统计数据为基础，是标准化的分析方法。

2. 第二套方案符合地区经济安全的虚拟状况，没有考虑石油工业活动的结果。在按照该方案分析经济安全状况之前，必须用专门的清点方法“清理掉”石油工业活动指标中的原始统计数据，然后在清点好的数据基础上进行地区经济安全分析。

通过两套方案对经济安全状况的分析我们能够发现石油行业在每个活动领域所产生的影响，最终得出结论和建议。

前面已经说过，为评价石油行业对地区经济安全所产生的影响，必须对原始统计数据进行“清点”，从中除去石油工业在地区内的运行结果。该清点工作按照每一个经济安全指标进行，地区内所生活居民人数为固定值是基本假设。

为组成计算公式，我们对地区经济安全指标的组成进行了研究，该组成符合作者制定的经济安全分析方法[6、7、9、10]，见表2.1。

从表2.1中可以看出，地区生产总值是经济安全分析中必要的和重要的统计指标，不考虑石油行业的地区生产总值按照下面公式计算：

$$ВРП^{t}_{бнеф} = ВРП^{t} - ВП^{t}_{неф} \quad (2.1)$$

式中 $ВРП^{t}$ – 地区生产总值①，百万卢布；

$ВП^{t}_{неф}$ – 石油工业产生的总产值（总附加值），百万卢布。

表2.1 地区的经济安全指标

经济安全指标名称及其活动领域	计量单位
1. 地区经济持续发展的能力 1.1 投资安全	
1. 经济投资额与地区生产总值的比例	%
2. 固定资本的实际投资对基期的指数	%
1.2 生产安全	
1. 工业生产总值与基期相比的相对变化	%
2.（所研究阶段末期）工业生产性固定资产损耗程度	%
3. 工业生产行业结构中优势行业所占份额	%

① 这里及以后所有没有特指的价值指标都以现价计算，否则会给出该指标的价格。

续表

经济安全指标名称及其活动领域	计量单位
1.3 科技安全	
1. 科研和科学服务在地区生产总值中所占份额	%
2. 科研和科学服务内平均工资与最低生活费的比例	相对单位
3. 基础研究在科研和科学服务支出中所占份额	%
4. 新产品在工业总产值中所占的份额	%
1.4 对外经济安全	
1. 产品出口与地区生产总值的比例	%
2. 产品进出口额的比例	%
1.5 财政安全	
1. 地区预算支出部分与地区生产总值的比例	%
2. 地区生产总值中企业与机构拖欠贷款程度	%
3. 企业与机构拖欠贷款与地区生产总值的比例	%
4. 消费价格指数	%
1.6 能源安全	
按特殊方法分析（见表2.2）	
2. 地区内可接受生存水平的保障 2.1 居民生活水平领域	
1. 收入低于最低生活费居民所占比重	%
2. 人均货币收入与最低生活费的比例	相对单位
3. 在人均货币收入中用于购买食品和酒精饮品的支出份额	%
2.2 劳动力市场领域	
总失业水平	%
2.3 人口安全	
1. 人口自然减少量	人/千居民
2. 出生时的期望寿命	年
2.4 法制	
1. 每千人有记载的犯罪数量	起
2. 每千人中未成年人犯罪或有未成年人参加的犯罪数量	起
2.5 食品安全	
1. 按照医学标准满足居民人均主要农产品需要的程度	%
2. 自产主要食品保障程度	%
3. 生态安全	
1. 固定污染源的单位有害物大气排放量	吨/平方公里
2. 污水的单位排放量	千立方米/平方公里

经济安全指标的特殊研究方法不考虑石油行业的影响。

2.1.1 投资安全

1.1 经济投资额与地区生产总值的比例指标

$$\alpha^{t}_{инвВРПбнеф} = \frac{V^{t}_{капбнеф}}{ВРП^{t}_{бнеф}} \bullet 100\% \quad (2.2)$$

式中 $V^{t}_{капбнеф}$ – 固定资本投资，不考虑石油工业企业，百万卢布。

$$V^{t}_{капбнеф} = V^{t}_{кап} - V^{t}_{капнеф} \quad (2.3)$$

式中 $V^{t}_{капбнеф}$ – 固定资本投资，百万卢布；

$V^{t}_{капнеф}$ – 石油工业企业的固定资本投资，百万卢布。

1.2 固定资本的实际投资与基期的比例指数

$$\alpha^{t}_{инвиндбнеф} = \frac{V^{сопост}_{капбнеф}}{V^{баз}_{капбнеф}} \bullet 100\% \quad (2.4)$$

式中 $V^{t}_{капбнеф}$ – 以基期价格计算的固定资本投资，不考虑石油工业企业，百万卢布。在本研究中以1990年作为基期；

$V^{баз}_{капбнеф}$ – 基期内固定资本投资，不考虑石油工业企业，百万卢布。

2.1.2 生产安全

2.1 工业生产总值与基期相比的相对变化

$$\alpha^{t}_{спадбнеф} = 100\% - \frac{Q^{сопост}_{произвбнеф}}{Q^{баз}_{произвбнеф}} \bullet 100\% \quad (2.5)$$

式中 $Q^{сопост}_{произвбнеф}$ – 以基期价格计算的工业产值，不考虑石油工业企业，百万卢布；

$Q^{баз}_{произвбнеф}$ – 基期内工业产值，不考虑石油工业企业，百万卢布。

$$Q^{сопост}_{произвбнеф} = Q^{сопост}_{произв} - Q^{сопост}_{произвнеф}$$
$$Q^{баз}_{произвбнеф} = Q^{баз}_{произв} - Q^{баз}_{произвнеф} \quad (2.6)$$

式中 $Q^{сопост}_{произв}, Q^{баз}_{произв}$ – 在被分析基期内以基期价格计算的工业产值，百万卢布；

$Q^{сопост}_{произвнеф}, Q^{баз}_{произвнеф}$ – 在被分析基期内以基期价格计算的石油工业企业产值，百万卢布。

2.2（所研究阶段末期）工业生产性固定资产损耗程度

$$\alpha^{t}_{изнбнеф} = \frac{И^{t}_{опф} \bullet C^{t}_{опф} - И^{t}_{опфнеф} \bullet C^{t}_{опфнеф}}{C^{t}_{опф} - C^{t}_{опфнеф}} \quad (2.7)$$

式中 $И^{t}_{опф}, И^{t}_{опфнеф}$ – 依次为研究阶段末期石油企业与经济各部门企业生产性固定资产损耗程度，%；

$C^{t}_{опф}, C^{t}_{опфнеф}$ – 依次为研究阶段末期石油企业与经济各部门企业生产性固定资产全额复原价值，百万卢布。

2.3 工业生产行业结构中的优势行业所占份额

为确定石油行业在该指标范围内的影响，首先应确定不考虑石油企业在内的工业产值 – $Q^{t}_{произвбнеф}$。

$$Q^{t}_{произвбнеф} = Q^{t}_{произв} - V^{t}_{годнеф} \quad (2.8)$$

式中 $Q^{t}_{произв}$ – 工业产值，百万卢布。

接下来计算工业产值中各行业所占份额（不考虑石油行业），这里可认为工业中的每个行业产值都是不变的。

$$d^{t}_{i,бнеф} = \frac{V^{t}_{год,i}}{Q^{t}_{произвбнеф}} \bullet 100\% \quad (2.9)$$

式中 $d^{t}_{i,бнеф}$ – 工业生产行业结构（不考虑石油企业）中行业i所占份额，将下列行业进行比较：能源、燃料工业（石油工业除外）、黑色金属冶炼、有色金属冶炼、化学与石油工业、机械制造和金属加工业、木材工业、木材加工和纸浆造纸工业、建筑材料工业、轻工业和食品工业。

$V^t_{год,i}$ – 行业i的产值，百万卢布。

指标的最终值用下面公式确定：

$$\alpha^t_{монопбнеф} = \max_i d_{i,бнеф} \tag{2.10}$$

2.1.3 科技安全

在评价石油行业对科技安全产生的影响时我们认为，石油行业只是对该领域内的第一个和第二个指标产生直接影响，至于基础研究在科研和科学服务支出中所占份额及新产品在工业总产值中所占的份额，这两个指标值在两个计算方案中都被认为是不变的，与实际形成的状况相同。

3.1 科研和科学服务在地区生产总值中所占份额

$$\alpha^t_{ннобнеф} = \frac{P^t_{ннобнеф}}{ВРП^t_{бнеф}} \bullet 100\% = \frac{P^t_{нно} - P^t_{нноне ф}}{ВРП^t_{бнеф}} \bullet 100\% \tag{2.11}$$

式中 $P^t_{нно}$ –用于科研与科技开发的支出（用于科研和科学服务的支出），百万卢布；

$P^t_{нноне ф}$ – 石油企业用于科研和科学服务的支出，百万卢布。

3.2 科研和科学服务部门月平均工资与最低生活费的比例

在实际计算中我们认为，科研和科学服务部门的工资（不考虑石油行业）与科研和科学服务的支出成正比，而最低生活费是不变的。

$$\alpha^t_{зарннобнеф} = \frac{З^t_{ннобнеф}}{П^t_{пр.мин}} \tag{2.12}$$

式中 $З^t_{ннобнеф}$ – 科研和科学服务部门月平均工资（不考虑石油行业），卢布；

$П^t_{пр.мин}$ – （月平均）最低生活费，卢布。

$$З^t_{ннобнеф} = З^t_{нно} \cdot \frac{P^t_{ннобнеф} \cdot ВРП^t}{ВРП^t_{бнеф} \cdot P^t_{нно}} \qquad (2.13)$$

式中 $З^t_{нно}$ – 科研和科学服务部门月平均工资，卢布。

2.1.4 对外经济安全

4.1 产品出口与地区生产总值的比例

$$\alpha^t_{экспбнеф} = \frac{Э^t_{ВЭДбнеф} \cdot k^t_{долл}}{ВРП^t_{бнеф}} \cdot 100\% = \frac{\left(Э^t_{ВЭД} - Э^t_{неф}\right) \cdot k^t_{долл}}{ВРП^t_{бнеф}} \cdot 100\%, \qquad (2.14)$$

式中 $Э^t_{ВЭД}$ – 产品出口总量，百万美元；

$Э^t_{неф}$ – 石油企业产品出口，百万美元；

$k^t_{долл}$ – 卢布兑美元年平均汇率，卢布/美元。

4.2 产品进出口额之间的比例

$$\alpha^t_{эксп-импбнеф} = \frac{Э^t_{ВЭДбнеф}}{И^t_{ВЭДбнеф}} \cdot 100\% = \frac{\left(Э^t_{ВЭД} - Э^t_{неф}\right)}{\left(И^t_{ВЭД} - И^t_{неф}\right)} \cdot 100\% \qquad (2.15)$$

式中 $И^t_{ВЭД}$ – 产品进口总额，百万美元；

$И^t_{неф}$ – 石油企业进口产品总购买量，百万美元。

2.1.5 财政安全

在评价石油行业对财政安全领域产生的影响时只考虑前三个指标，设定消费价格指数不变。

5.1 地区预算支出部分与地区生产总值的比例

$$\alpha^t_{фин.1} = \frac{P^t_{бюджбнеф}}{ВРП^t_{бнеф}} \cdot 100\% \qquad (2.16)$$

式中 $P^t_{бюджбнеф}$ – 地区统一预算支出部分（不考虑石油工业），百万卢布。

地区统一预算支出与预算中的石油企业税收收入变化成正比：

$$P^t_{бюджбнеф} = P^t_{бюдж} \bullet \frac{H^t_{бюдж} - H^t_{бюджнеф}}{H^t_{бюдж}} \tag{2.17}$$

式中 $P^t_{бюдж}$ – 地区统一预算支出，百万卢布；

$H^t_{бюдж}$ – 各级预算中的税收收入，百万卢布；

$H^t_{бюджнеф}$ – 各级预算中的石油企业税收收入，百万卢布。

5.2 地区生产总值中企业与机构拖欠贷款程度

$$\alpha^t_{фин.2} = \frac{З^t_{крпрбнеф}}{ВРП^t_{бнеф}} \bullet 100\% = \frac{З^t_{крпр} - З^t_{крпрнеф}}{ВРП^t_{бнеф}} \bullet 100\% \tag{2.18}$$

式中 $З^t_{крпр}$ – 年终企业与机构拖欠贷款，百万卢布；

$З^t_{крпрнеф}$ – 年终石油企业拖欠贷款，百万卢布。

5.3 企业与机构的结算利润与地区生产总值的比例

$$\alpha^t_{фин.3} = \frac{П^t_{предпбнеф}}{ВРП^t_{бнеф}} \bullet 100\% = \frac{П^t_{предп} - П^t_{неф}}{ВРП^t_{бнеф}} \bullet 100\% \tag{2.19}$$

式中 $П^t_{предп}$ – 企业与机构的结算利润，百万卢布；

$П^t_{неф}$ – 石油企业结算利润，百万卢布。

2.1.6 居民生活水平领域

在评价石油行业对财政安全领域的影响时只考虑该领域的前两个指标。居民人均货币收入中用于购买食品和酒精饮品的支出份额指标值为不变值。

6.1 收入低于最低生活费居民所占份额。该指标值与地区内（不考虑石油行业）平均工资水平的变化成正比。

$$\alpha^t_{беднбнеф} = \alpha^t_{бедн} \bullet \frac{З^t_{срмес}}{З^t_{срмесбнеф}} \tag{2.20}$$

式中 $\alpha^t_{бедн}$ – 收入低于最低生活费居民所占份额，%；

$З^t_{срмес}$ – 月平均工资，卢布；

$З^t_{срмесбнеф}$ – 月平均工资（不考虑石油企业），卢布。

$$З^t_{срмесбнеф} = \frac{З^t_{срмес} \bullet Ч^t_{эк} - З^t_{срмеснеф} \bullet Ч^t_{неф}}{Ч^t_{эк} - Ч^t_{неф}} \tag{2.21}$$

式中 $З^t_{срмеснеф}$ – 石油企业月平均工资，卢布；

$Ч^t_{эк}$ –职工人数，千人；

$Ч^t_{неф}$ – 石油企业中年平均职工人数，千人。

6.2 人均货币收入与最低生活费的比例

$$\alpha^t_{пр.минбнеф} = \frac{Д^t_{срдушбнеф}}{П^t_{пр.мин}} \tag{2.22}$$

式中 $Д^t_{срдушбнеф}$ – 人均货币收入（不考虑石油企业），卢布。

$$Д^t_{срдушбнеф} = Д^t_{срдуш} \bullet \frac{З^t_{срмесбнеф}}{З^t_{срмес}} \tag{2.23}$$

式中 $Д^t_{срдуш}$ –人均货币收入，卢布。

2.1.7 劳动力市场、人口安全、法制、食品安全领域

在实际计算中我们认为，石油行业对上述活动领域影响不大，因此我们认为，在经济安全两套计算方案中上述领域的指标值都是固定的。

2.1.8 生态安全

8.1 固定污染源的单位有害物大气排放量

$$\alpha^t_{атмбнеф} = \frac{M^t_{атмбнеф}}{F} = \frac{M^t_{атм} - M^t_{атмнеф}}{F} \tag{2.24}$$

式中 $M^t_{атм}$ – 固定污染源的有害物大气排放量，千吨。

8.2 污水的单位排放量

$$\alpha^t_{водбнеф} = \frac{M^t_{водзагбнеф}}{F} = \frac{M^t_{водзаг} - M^t_{водзагнеф}}{F} \qquad (2.25)$$

式中 $M^t_{водзаг}$ – 污水排放量，百万立方米；

$M^t_{водзагнеф}$ – 石油企业污水排放，百万立方米。

2.2 石油行业对地区能源安全影响的评价

对地区能源安全状况的评价和对经济安全的评价相似，也存在两个方案——考虑石油行业或是不考虑石油行业。地区层面上的能源安全分析方法在[7、10、11]中研究得非常详细，能源安全指标组成见表2.2。下面我们来研究单个指标的“清点”法，以计算石油行业对地区能源安全状况的影响。

表2.2　地区层面上的能源安全指标

指标组与指标名称	计量单位
1. 电力与热能保障组	
1.1 公用事业中对廉价电能的人均需求	千瓦小时/人
1.2 电力平衡中的自产份额	%
1.3 总用电量中电力供应的限制份额	%
1.4 公用事业中对廉价热能的人均需求	Гкал/чел.
2. 燃料保障组	
2.1 锅炉燃料平衡中的自产资源份额	%
2.2 锅炉燃料需求中主要燃料的份额	%
2.3 电力企业的锅炉燃料储备保障综合指标	–
2.3.1 电力企业煤炭燃料储备计划所完成份额	%
2.3.2 电力企业重燃油储备计划所完成份额	%
2.4 发动机燃料平衡中的自产资源份额	%
3. 制度结构组	

续表

指标组与指标名称	计量单位
3.1 大型发电站装机容量份额	%
3.2 发电站可用功率与用户最大电力负荷的比例	%
3.3 地区内发电站生产潜力与用户最大电力负荷的比例	%
3.4 发电站可用功率与本地区与邻接地区之间输送能力的总和与用户最大电力负荷的比例	%
4. 能源生产性固定资产的再生产组	
4.1 电力企业生产性固定资产损耗程度	%
4.2 燃料工业企业生产性固定资产损耗程度	%
4.3 热能企业生产性固定资产损耗程度	%
4.4 电力企业投资水平	%
4.5 燃料工业企业投资水平	%
5. 生态组	
5.1 电力企业单位面积有害物大气排放量	т/км^2
5.2 燃料工业企业单位面积有害物大气排放量	т/км^2
5.3 电力企业活动生态效益	г/кВт.ч
5.4 燃料工业企业活动生态效益	кг/т у.т
6. 财政经济组	
6.1 年终电力企业拖欠贷款与年产值的比例	%
6.2 年终燃料工业企业拖欠贷款与年产值的比例	%
6.3 电力企业结算利润与其产品年产值的比例	%
6.4 燃料工业企业结算利润与其产品年产值的比例	%
7. 能源节约和能源效益组	
7.1 地区生产总值能源消耗量	克标准燃料/卢布
7.2 地区生产总值耗电量	千瓦小时/千卢布
7.3 地区生产总值的能源经济效益	相对单位
7.4 地区生产总值的电力经济效益	相对单位
7.5 电力生产的标准燃料单位消耗	克标准燃料/千瓦小时
7.6 热能生产的标准燃料单位消耗	千克标准燃料/千兆卡
7.7 电网的相对电力损失	%
7.8 热网的相对热能损失	%

2.2.1 电力与热能保障组

在实际计算中我们认为，石油行业对该组指标影响不大，因此我们认为电力与热能保障组的状况在两个能源安全计算方案中都是不变的。

2.2.2 燃料保障组

评价石油行业在该组内的影响从两个指标考虑：锅炉燃料平衡中自产资源的份额与发动机燃料平衡中自产资源的份额。

2.1 锅炉燃料平衡中自产资源的份额

$$\alpha^{t}_{кптсоббнеф} = \frac{R^{t}_{оснкптбнеф}}{B^{t}_{оснкпт}} \bullet 100\% \qquad (2.26)$$

式中 $R^{t}_{оснкптбнеф}$ – 主要锅炉燃料的自产资源（不考虑石油工业），百万吨标准燃料。

$B^{t}_{оснкпт}$ – 主要锅炉燃料的消耗，百万吨标准燃料。在计算中我们认为该指标对于两个方案都是固定的。

$$R^{t}_{оснкптбнеф} = \left(R^{t}_{г} - R^{t}_{г.неф}\right) \bullet a_{г} + R^{t}_{уг} \bullet a_{уг}$$
$$B^{t}_{оснкпт} = B^{t}_{г} + B^{t}_{м} + B^{t}_{уг} \qquad (2.27)$$

式中 $R^{t}_{г}$ 和 $R^{t}_{уг}$ – 依次为天然气和煤炭的开采（生产量），百万吨（天然气——十亿立方米）；

$R^{t}_{г.неф}$ – 石油工业企业的天然气开采量，十亿立方米；

$a_{г}$ 和 $a_{уг}$ – 依次为所开采（生产）燃料资源从自然值向标准燃料换算的系数，吨标准燃料/吨（天然气——吨标准燃料/千立方米）；

$B^{t}_{г}$，$B^{t}_{м}$ 和 $B^{t}_{уг}$ – 依次为天然气、炉用重油、煤炭的消耗量，百万吨标准燃料。

2.2 发动机燃料平衡中自产资源的份额

$$\alpha^t_{мотсоббнеф} = \frac{R^t_{мотбнеф}}{B^t_{мот}} \bullet 100\% = 0 \tag{2.28}$$

式中 $R^t_{мотбнеф}$ – 发动机燃料的自产资源（不考虑石油工业），百万吨标准燃料 $R^t_{мотбнеф} = 0$;

$B^t_{мот}$ – 发动机燃料消耗，百万吨标准燃料。

在计算石油行业的影响时，所有其他指标值都被认为是固定的。

2.2.3 制度结构组

该组评价地区电力系统的制度及其管理，与石油行业实际上没有联系，因此制度结构组的状况对于能源安全评价的两个方案来说是不变的。

2.2.4 能源生产性固定资产的再生产组

按照下列指标评价石油行业在该组的影响：燃料工业企业生产性固定资产损耗程度和燃料工业企业投资水平。

4.1 燃料工业企业生产性固定资产损耗：

$$\alpha^t_{изтопбнеф} = \frac{И^t_{опфтоп} \bullet C^t_{опфтоп} - И^t_{опфнеф} \bullet C^t_{опфнеф}}{C^t_{опфтоп} - C^t_{опфнеф}} \tag{2.29}$$

式中 $И^t_{опфтоп}$ – 燃料工业企业生产性固定资产损耗程度，%；

$C^t_{опфтоп}$ – 被分析阶段末期燃料工业企业生产性固定资产价值（按照完全还原价值计算），百万卢布。

4.2 燃料工业企业投资水平：

$$\alpha^t_{инвтопбнеф} = K^t_{инвтопбнеф} \bullet (1 - \frac{\alpha^t_{изтопбнеф}}{100})$$

$$K^t_{инвтопбнеф} = \frac{\left(V^t_{каптоп} - V^t_{капнеф}\right)}{\left(V^t_{годтоп} - V^t_{годнеф}\right)} \bullet 100\% \tag{2.30}$$

式中 $V^t_{каптоп}$ – 燃料工业企业固定资本投资，百万卢布；

$V^t_{годтоп}$ – 燃料工业企业产值，百万卢布。

在评价石油行业的影响时，与电力的再生产过程相关的组内其他指标都被认为是固定的。

2.2.5 生态组

石油行业对该组的影响可以从燃料工业企业对周围环境施加的生态负荷的几个指标来考虑，即：燃料工业企业单位面积有害物大气排放量和燃料工业企业活动的生态效益。

5.1 燃料工业企业单位面积有害物大气排放量：

$$\alpha^t_{атмтопбнеф} = \frac{M^t_{топатмбнеф}}{F} = \frac{M^t_{топатм} - M^t_{атмнеф}}{F} \quad (2.31)$$

式中 $M^t_{топатм}$ – 燃料工业企业有害物大气排放量，千吨。

5.2 燃料工业企业活动的生态效益：

$$\alpha^t_{экэфтопбнеф} = \frac{M^t_{топатмбнеф}}{R^t_{оснкптбнеф}} = \frac{M^t_{топатм} - M^t_{атмнеф}}{R^t_{оснкптбнеф}} \quad (2.32)$$

$R^t_{оснкптбнеф}$ 值由对比关系(见2.27公式)确定。

组内其他能够说明燃料工业企业对周围环境施加的生态负荷的指标值在评价石油行业的影响时被认为是固定的。

2.2.6 财政经济组

燃料工业企业对财政经济状况的影响可以从以下几个指标来考虑，即：燃料工业企业年终拖欠贷款与其年产值的比例、燃料工业企业结算利润与其年产值的比例。

6.1 燃料工业企业年终拖欠贷款与其年产值之间的关系：

$$\alpha^t_{проскртопбнеф} = \frac{З^t_{крпртопбнеф}}{V^t_{годтопбнеф}} \bullet 100\% = \frac{\left(З^t_{крпртоп} - З^t_{крпрнеф}\right)}{\left(V^t_{годтоп} - V^t_{годнеф}\right)} \bullet 100\% \quad (2.33)$$

式中 $З^t_{крпртоп}$ – 被分析阶段末燃料工业企业拖欠贷款，百万卢布。

6.2 燃料工业企业结算利润与其年产值的比例

$$\alpha^t_{прибтопбнеф} = \frac{П^t_{топбнеф}}{V^t_{годтопбнеф}} \bullet 100\% = \frac{\left(П^t_{топ} - П^t_{неф}\right)}{\left(V^t_{годтоп} - V^t_{годнеф}\right)} \quad (2.34)$$

式中 $П^t_{топ}$ – 燃料工业企业结算利润，百万卢布。

组内其他能够说明电力企业对财政经济状况的指标值在评价石油行业的影响时被认为是不变的。

2.2.7 能源节约和能源效益组

该组指标能够对地区燃料动力资源消耗效益给予评价。虽然石油行业对该进程有一定的影响，但我们认为该影响不大，可以认为该组指标对于两个能源安全计算方案来说是不变的。

结　语

在俄罗斯的地区能源安全分析系统框架下制定了地区石油行业状况分析法。该方法以作者在过去的经济与能源安全分析著作中成功运用的指标分析方法和程序为基础。根据该分析法，对俄罗斯联邦主体石油行业状况的分析可以按下列五个指标组进行：

1. 石油与石油产品保障程度组
2. 石油工业生产性固定资产的再生产
3. 生态组
4. 财政经济组

5. 石油企业工作效益

本文提供了石油行业状况指标组成和计算方法。

石油行业对地区经济和能源安全所产生的影响的评价方法是本文的另一个重要部分，共制订了两个方案，其中一个是对目前经济与能源安全状况进行分析，另外一个是在不考虑石油行业指标的条件下对经济与能源安全状况进行分析。另外文中还给出了经济与能源安全的计算方法。

本文所制定的方法可以作为俄罗斯及其各地区经济与能源安全监测体系的基础，该体系能够及时揭示安全威胁，并提前采取消除安全威胁的措施。

参考文献

[1]《俄罗斯的安全：能源安全（燃料动力综合体与国家）》，B.B.布舒耶夫、A.M.马斯捷潘诺夫、A.A.库克林、Ю.K.沙弗拉尼克等，莫斯科："知识"国际人文基金会，2000年，第304页。

[2]《俄罗斯安全。法律、社会经济和科学技术的角度。能源安全（俄罗斯石油综合体）》，A.M.马斯捷潘诺夫、E.A.捷列基娜、Ю.K.沙弗拉尼克、B.B.布舒耶夫等，莫斯科："知识"国际人文基金会，2000年，第432页。

[3] A.И.塔塔尔金、A.A.库克林、O.A.罗曼诺夫、B.H.丘卡诺夫、B.И.雅科夫列夫、A.A.科济岑：《地区经济安全：理论、研究方法论、实践的统一》，叶卡捷琳娜堡：国立乌拉尔技术大学出版社，1997年，第240页。

[4]《能源因素对俄罗斯联邦主体经济安全影响的综合分析方法》，

А.И.塔塔尔金、О.А.罗曼诺夫、А.А.库克林、Л.Л.博加特廖夫、Л.И.马尔德等，莫斯科—叶卡捷琳娜堡：俄罗斯科学院乌拉尔分院，1997年，第114页。

[5]《能源因素对俄罗斯联邦地区经济安全的影响》，Л.Л.博加特廖夫、В.В.布舒耶夫、А.А.库克林、А.Л.梅津、А.И.塔塔尔金等，叶卡捷琳娜堡：国立乌拉尔技术大学出版社，1998年，第240页。

[6]《俄罗斯联邦领土范围内经济安全综合分析法》（第二卷），А.И.塔塔尔金、А.А.库克林、А.Л.梅津、А.В.卡林娜等，叶卡捷琳娜堡：俄罗斯科学院乌拉尔分院，2001年，第70页。

[7]《斯维尔德洛夫州经济安全》，Г.А.卡瓦列瓦伊、А.А.库克林主编，国立乌拉尔技术大学出版社，2003年，第455页。

[8]《俄罗斯联邦地区能源与经济安全状况》，А.И.塔塔尔金、В.В.布舒耶夫、А.М.马斯捷潘诺夫、А.А.库克林、А.Л.梅津等，预印本，莫斯科—叶卡捷琳娜堡：俄罗斯科学院乌拉尔分院，1997年，第173页。

[9]《俄罗斯与白俄罗斯在联盟国家框架内的经济发展状况和前景》，А.И.塔塔尔金、А.А.库克林主编，叶卡捷琳娜堡：国立乌拉尔技术大学出版社，2001年，第536页。

[10]《地区经济与能源体系状况模拟和发展分析》，Э.Г.阿里布列赫特等；编辑：А.И.塔塔尔金、А.А.马卡罗夫。俄罗斯科学院乌拉尔分院经济研究所、热能物理研究所、能源研究所。莫斯科：经济出版社，2004年，第462页。

[11]《俄罗斯联邦领土范围内经济安全综合分析法》（第二卷）预印本，А.И.塔塔尔金、А.А.库克林、А.Л.梅津、А.В.卡林娜等。叶卡捷琳娜堡：俄罗斯科学院乌拉尔分院，2002年，第80页。

附件：俄罗斯代表性地区石油行业状况指标临界值

附表1 汉特—曼西自治区石油行业状况指标临界值

指标与指标组名称	临界值①					
	$ПК_1$	$ПК_2$	$ПК_3$	$К_1$	$К_2$	$К_3$
1. 石油与石油产品保障程度组						
1.1 石油矿产储量保障程度综合指标	–	–	–	–	–	–
1.1.1 已探明可采石油储量保障程度，年	25	21.67	18.33	15	11	7
1.1.2 在报告年内已探明可采石油储量的增长与其年开采量的比例	1.5	1.3	1.1	0.9	0.66	0.42
1.2 主要石油产品生产的自有资源保障程度，%	н②	н	н	н	н	н
1.3 主要石油燃料季节性储备保障程度综合指标，天	–	–	–	–	–	–
1.3.1 车用汽油的季节性储备，天	30	26	22	18	13.2	8.4
1.3.2 柴油的季节性储备，天	30	26	22	18	13.2	8.4
1.3.3 重燃油的季节性储备，天	30	26	22	18	13.2	8.4
1.3.4 航空煤油的季节性储备，天	30	26	22	18	13.2	8.4
1.4 地区市场上主要发动机燃料价格行情稳定性综合指标	–	–	–	–	–	–
1.4.1 车用汽油消费价格指数，%	112	118	124	130	137.2	144.4
1.4.2 柴油消费价格指数，%	112	118	124	130	137.2	144.4
2. 石油工业中生产性固定资产再生产组						
2.1 石油工业企业生产性固定资产损耗程度综合指标	–	–	–	–	–	–
2.1.1 石油开采企业生产性固定资产损耗程度，%	40	45	50	55	61	67
2.1.2 石油加工企业生产性固定资产损耗程度，%	40	45	50	55	61	67
2.2 石油工业企业投资水平综合指标	–	–	–	–	–	–
2.2.1 石油开采企业投资水平，%	19	17.5	16	14.5	12.7	10.9

① 译者注：$ПК_1$——危机前1，$ПК_2$——危机前2，$ПК_3$——危机前3，$К_1$——危机1，$К_2$——危机2，$К_3$——危机3。

② н—计算时对于该地区不考虑该指标。

续表

指标与指标组名称	临界值①					
	$ПК_1$	$ПК_2$	$ПК_3$	$К_1$	$К_2$	$К_3$
2.2.2 石油加工企业投资水平，%	19	17.5	16	14.5	12.7	10.9
3. 生态组						
3.1 石油工业企业单位面积有害物大气排放量，吨/平方公里	1.5	2	2.5	3	3.6	4.2
3.2 石油工业企业活动生态效益，千克/吨标准燃料	3.0	4.0	5.0	6.0	7.2	8.4
4. 财政经济组						
4.1 石油工业企业拖欠贷款综合指标	–	–	–	–	–	–
4.1.1 石油开采企业拖欠贷款与其产品年产值的比例，%	25	30	35	40	46	52
4.1.2 石油加工企业拖欠贷款与其产品年产值的比例，%	20	25	30	35	41	47
4.2 石油工业企业结算利润与其产品年产值的比例	–	–	–	–	–	–
4.2.1 石油开采企业结算利润与其产品年产值的比例，%	25	21	17	13	8.2	3.4
4.2.2 石油加工企业拖欠贷款与其产品年产值的比例，%	20	16.67	13.33	10	6	2
5. 石油企业活动效益组						
5.1 石油加工企业年平均生产能力负荷，%	80	73.33	66.67	60	52	44
5.2 石油加工企业的石油加工深度，%	80	75	70	65	59	53
5.3 石油工业劳动生产率综合指标	–	–	–	–	–	–
5.3.1 石油开采企业劳动生产率，千美元/人	100	86.67	73.33	60	44	28
5.3.2 石油加工企业劳动生产率，千美元/人	80	70	60	50	38	26

附表2　亚马尔—涅涅茨自治区石油行业状况指标临界值

指标与指标组名称	临界值					
	$ПК_1$	$ПК_2$	$ПК_3$	$К_1$	$К_2$	$К_3$
1. 石油与石油产品保障程度组						
1.1 石油矿产储量保障程度综合指标	–	–	–	–	–	–
1.1.1 已探明可采石油储量保障程度，年	25	21.67	18.33	15	11	7

续表

指标与指标组名称	临界值					
	$ПК_1$	$ПК_2$	$ПК_3$	K_1	K_2	K_3
1.1.2 在报告年内已探明可采石油储量的增长与其年开采量的比例	1.5	1.3	1.1	0.9	0.66	0.42
1.2 主要石油产品生产的自有资源保障程度，%	н	н	н	н	н	н
1.3 主要石油燃料季节性储备保障程度综合指标，天	–	–	–	–	–	–
1.3.1 车用汽油的季节性储备，天	30	26	22	18	13.2	8.4
1.3.2 柴油的季节性储备，天	30	26	22	18	13.2	8.4
1.3.3 重燃油的季节性储备，天	30	26	22	18	13.2	8.4
1.3.4 航空煤油的季节性储备，天	30	26	22	18	13.2	8.4
1.4 地区市场上主要发动机燃料价格行情稳定性综合指标	–	–	–	–	–	–
1.4.1 车用汽油消费价格指数，%	112	118	124	130	137.2	144.4
1.4.2 柴油消费价格指数，%	112	118	124	130	137.2	144.4
2. 石油工业中生产性固定资产再生产组						
2.1 石油工业企业生产性固定资产损耗程度综合指标	–	–	–	–	–	–
2.1.1 石油开采企业生产性固定资产损耗程度，%	40	45	50	55	61	67
2.1.2 石油加工企业生产性固定资产损耗程度，%	40	45	50	55	61	67
2.2 石油工业企业投资水平综合指标	–	–	–	–	–	–
2.2.1 石油开采企业投资水平，%	21	19.5	18	16.5	14.7	12.9
2.2.2 石油加工企业投资水平，%	21	19.5	18	16.5	14.7	12.9
3. 生态组						
3.1 石油工业企业单位面积有害物大气排放量，吨/平方公里	0.5	0.67	0.83	1	1.2	1.4
3.2 石油工业企业活动生态效益，千克/吨标准燃料	3.0	4.0	5.0	6.0	7.2	8.4
4. 财政经济组						
4.1 石油工业企业拖欠贷款综合指标	–	–	–	–	–	–
4.1.1 石油开采企业拖欠贷款与其产品年产值的比例，%	25	30	35	40	46	52
4.1.2 石油加工企业拖欠贷款与其产品年产值的比例，%	20	25	30	35	41	47

续表

指标与指标组名称	临界值					
	$ПК_1$	$ПК_2$	$ПК_3$	$К_1$	$К_2$	$К_3$
4.2 石油工业企业结算利润与其产品年产值的比例	–	–	–	–	–	–
4.2.1 石油开采企业结算利润与其产品年产值的比例，%	25	21	17	13	8.2	3.4
4.2.2 石油加工企业拖欠贷款与其产品年产值的比例，%	20	16.67	13.33	10	6	2
5. 石油行业企业活动效益组						
5.1 石油加工企业年平均生产能力负荷，%	80	73.33	66.67	60	52	44
5.2 石油加工企业的石油加工深度，%	80	75	70	65	59	53
5.3 石油工业劳动生产率综合指标	–	–	–	–	–	–
5.3.1 石油开采企业劳动生产率，千美元/人	100	86.67	73.33	60	44	28
5.3.2 石油加工企业劳动生产率，千美元/人	80	70	60	50	38	26

附表3 巴什科尔托斯坦共和国石油行业状况指标临界值

指标与指标组名称	临界值					
	$ПК_1$	$ПК_2$	$ПК_3$	$К_1$	$К_2$	$К_3$
1. 石油与石油产品保障程度组						
1.1 石油矿产储量保障程度综合指标	–	–	–	–	–	–
1.1.1 已探明可采石油储量保障程度，年	25	21.67	18.33	15	11	7
1.1.2 在报告年内已探明可采石油储量的增长与其年开采量的比例	1.5	1.3	1.1	0.9	0.66	0.42
1.2 主要石油产品生产的自有资源保障程度，%	н	н	н	н	н	н
1.3. 主要石油燃料季节性储备保障程度综合指标，天	–	–	–	–	–	–
1.3.1 车用汽油的季节性储备，天	25	21	17	13	8.2	3.4
1.3.2 柴油的季节性储备，天	25	21	17	13	8.2	3.4
1.3.3 重燃油的季节性储备，天	25	21	17	13	8.2	3.4
1.3.4 航空煤油的季节性储备，天	25	21	17	13	8.2	3.4

续表

指标与指标组名称	临界值					
	ПК$_1$	ПК$_2$	ПК$_3$	К$_1$	К$_2$	К$_3$
1.4 地区市场上主要发动机燃料价格行情稳定性综合指标	–	–	–	–	–	–
1.4.1 车用汽油消费价格指数，%	110	115	120	125	131	137
1.4.2 柴油消费价格指数，%	110	115	120	125	131	137
2. 石油工业中生产性固定资产再生产组						
2.1 石油工业企业生产性固定资产损耗程度综合指标	–	–	–	–	–	–
2.1.1 石油开采企业生产性固定资产损耗程度，%	40	45	50	55	61	67
2.1.2 石油加工企业生产性固定资产损耗程度，%	40	45	50	55	61	67
2.2 石油工业企业投资水平综合指标	–	–	–	–	–	–
2.2.1 石油开采企业投资水平，%	17	15.5	14	12.5	10.7	8.9
2.2.2 石油加工企业投资水平，%	17	15.5	14	12.5	10.7	8.9
3. 生态组						
3.1 石油工业企业单位面积有害物大气排放量，吨/平方公里	2	2.67	3.33	4	4.8	5.6
3.2 石油企业活动生态效益，千克/吨标准燃料	3.0	4.0	5.0	6.0	7.2	8.4
4. 财政经济组						
4.1 石油工业企业拖欠贷款综合指标	–	–	–	–	–	–
4.1.1 石油开采企业拖欠贷款与其产品年产值的比例，%	25	30	35	40	46	52
4.1.2 石油加工企业拖欠贷款与其产品年产值的比例，%	20	25	30	35	41	47
4.2 石油工业企业结算利润与其产品年产值的比例	–	–	–	–	–	–
4.2.1 石油开采企业结算利润与其产品年产值的比例，%	25	21	17	13	8.2	3.4
4.2.2 石油加工企业拖欠贷款与其产品年产值的比例，%	20	16.67	13.33	10	6	2
5. 石油行业企业活动效益组						
5.1 石油加工企业年平均生产能力负荷，%	80	73.33	66.67	60	52	44
5.2 石油加工企业的石油加工深度，%	80	75	70	65	59	53

续表

指标与指标组名称	临界值					
	ПК$_1$	ПК$_2$	ПК$_3$	К$_1$	К$_2$	К$_3$
5.3 石油工业劳动生产率综合指标	–	–	–	–	–	–
5.3.1 石油开采企业劳动生产率，千美元/人	100	86.67	73.33	60	44	28
5.3.2 石油加工企业劳动生产率，千美元/人	80	70	60	50	38	26

附表4　鞑靼斯坦共和国石油行业状况指标临界值

指标与指标组名称	临界值					
	ПК$_1$	ПК$_2$	ПК$_3$	К$_1$	К$_2$	К$_3$
1. 石油与石油产品保障程度组						
1.1 石油矿产储量保障程度综合指标	–	–	–	–	–	–
1.1.1 已探明可采石油储量保障程度，年	25	21.67	18.33	15	11	7
1.1.2 在报告年内已探明可采石油储量的增长与其年开采量的比例	1.5	1.3	1.1	0.9	0.66	0.42
1.2 主要石油产品生产的自有资源保障程度，%	н	н	н	н	н	н
1.3 主要石油燃料季节性储备保障程度综合指标，天	–	–	–	–	–	–
1.3.1 车用汽油的季节性储备，天	25	21	17	13	8.2	3.4
1.3.2 柴油的季节性储备，天	25	21	17	13	8.2	3.4
1.3.3 重燃油的季节性储备，天	25	21	17	13	8.2	3.4
1.3.4 航空煤油的季节性储备，天	25	21	17	13	8.2	3.4
1.4 地区市场上主要发动机燃料价格行情稳定性综合指标	–	–	–	–	–	–
1.4.1 车用汽油消费价格指数，%	110	115	120	125	131	137
1.4.2 柴油消费价格指数，%	110	115	120	125	131	137
2. 石油工业中生产性固定资产再生产组						
2.1 石油工业企业生产性固定资产损耗程度综合指标	–	–	–	–	–	–
2.1.1 石油开采企业生产性固定资产损耗程度，%	40	45	50	55	61	67
2.1.2 石油加工企业生产性固定资产损耗程度，%	40	45	50	55	61	67

续表

指标与指标组名称	临界值					
	$ПК_1$	$ПК_2$	$ПК_3$	$К_1$	$К_2$	$К_3$
2.2 石油工业企业投资水平综合指标	–	–	–	–	–	–
2.2.1 石油开采企业投资水平，%	17	15.5	14	12.5	10.7	8.9
2.2.2 石油加工企业投资水平，%	17	15.5	14	12.5	10.7	8.9
3. 生态组						
3.1 石油工业企业单位面积有害物大气排放量，吨/平方公里	2	2.67	3.33	4	4.8	5.6
3.2 石油工业企业活动生态效益，千克/吨标准燃料	3.0	4.0	5.0	6.0	7.2	8.4
4. 财政经济组						
4.1 石油工业企业拖欠贷款综合指标	–	–	–	–	–	–
4.1.1 石油开采企业拖欠贷款与其产品年产值的比例，%	25	30	35	40	46	52
4.1.2 石油加工企业拖欠贷款与其产品年产值的比例，%	20	25	30	35	41	47
4.2 石油工业企业结算利润与其产品年产值的比例	–	–	–	–	–	–
4.2.1 石油开采企业结算利润与其产品年产值的比例，%	25	21	17	13	8.2	3.4
4.2.2 石油加工企业拖欠贷款与其产品年产值的比例，%	20	16.67	13.33	10	6	2
5. 石油行业企业活动效益组						
5.1 石油加工企业年平均生产能力负荷，%	80	73.33	66.67	60	52	44
5.2 石油加工企业的石油加工深度，%	80	75	70	65	59	53
5.3 石油工业劳动生产率综合指标	–	–	–	–	–	–
5.3.1 石油开采企业劳动生产率，千美元/人	100	86.67	73.33	60	44	28
5.3.2 石油加工企业劳动生产率，千美元/人	80	70	60	50	38	26

附表5 萨马拉州石油行业状况指标临界值

指标与指标组名称	临界值					
	$ПК_1$	$ПК_2$	$ПК_3$	$К_1$	$К_2$	$К_3$
1. 石油与石油产品保障程度组						
1.1 石油矿产储量保障程度综合指标	–	–	–	–	–	–
1.1.1 已探明可采石油储量保障程度，年	25	21.67	18.33	15	11	7
1.1.2 在报告年内已探明可采石油储量的增长与其年开采量的比例	1.5	1.3	1.1	0.9	0.66	0.42
1.2 主要石油产品生产的自有资源保障程度，%	н	н	н	н	н	н
1.3 主要石油燃料季节性储备保障程度综合指标，天	–	–	–	–	–	–
1.3.1 车用汽油的季节性储备，天	25	21	17	13	8.2	3.4
1.3.2 柴油的季节性储备，天	25	21	17	13	8.2	3.4
1.3.3 重燃油的季节性储备，天	25	21	17	13	8.2	3.4
1.3.4 航空煤油的季节性储备，天	25	21	17	13	8.2	3.4
1.4 地区市场上主要发动机燃料价格行情稳定性综合指标	–	–	–	–	–	–
1.4.1 车用汽油消费价格指数，%	110	115	120	125	131	137
1.4.2 柴油消费价格指数，%	110	115	120	125	131	137
2. 石油工业中生产性固定资产再生产组						
2.1 石油工业企业生产性固定资产损耗程度综合指标	–	–	–	–	–	–
2.1.1 石油开采企业生产性固定资产损耗程度，%	40	45	50	55	61	67
2.1.2 石油加工企业生产性固定资产损耗程度，%	40	45	50	55	61	67
2.2 石油工业企业投资水平综合指标	–	–	–	–	–	–
2.2.1 石油开采企业投资水平，%	17	15.5	14	12.5	10.7	8.9
2.2.2 石油加工企业投资水平，%	17	15.5	14	12.5	10.7	8.9
3. 生态组						
3.1 石油工业企业单位面积有害物大气排放量，吨/平方公里	0.8	1.0	1.2	1.4	1.64	1.88
3.2 石油工业企业活动生态效益，千克/吨标准燃料	3.0	4.0	5.0	6.0	7.2	8.4

续表

指标与指标组名称	临界值					
	$ПК_1$	$ПК_2$	$ПК_3$	$К_1$	$К_2$	$К_3$
4. 财政经济组						
4.1 石油工业企业拖欠贷款综合指标	–	–	–	–	–	–
4.1.1 石油开采企业拖欠贷款与其产品年产值的比例，%	25	30	35	40	46	52
4.1.2 石油加工企业拖欠贷款与其产品年产值的比例，%	20	25	30	35	41	47
4.2 石油工业企业结算利润与其产品年产值的比例	–	–	–	–	–	–
4.2.1 石油开采企业结算利润与其产品年产值的比例，%	25	21	17	13	8.2	3.4
4.2.2 石油加工企业拖欠贷款与其产品年产值的比例，%	20	16.67	13.33	10	6	2
5. 石油行业企业活动效益组						
5.1 石油加工企业年平均生产能力负荷，%	80	73.33	66.67	60	52	44
5.2 石油加工企业的石油加工深度，%	80	75	70	65	59	53
5.3 石油工业劳动生产率综合指标	–	–	–	–	–	–
5.3.1 石油开采企业劳动生产率，千美元/人	100	86.67	73.33	60	44	28
5.3.2 石油加工企业劳动生产率，千美元/人	80	70	60	50	38	26

俄罗斯能源战略及国家实施能源战略的主要任务①

制定《俄罗斯2020年前能源发展战略》（以下简称《能源发展战略》）是俄罗斯形成国家长期能源政策的又一发展阶段。

第一阶段，1992年，曾制定《新经济条件下俄罗斯能源政策构想》，其主要原则经俄罗斯联邦政府会议确认通过（1992年9月10日第26号会议纪要）。

确定国家能源政策的第二阶段，是1993~1994年制定《能源战略》。该《能源战略》的草案（主要原则）先是经俄罗斯联邦政府委员会通过（1994年12月7日），后又由联邦政府专门法令确认（1995年10月13日第1006号文件）。1995年5月颁发了总统令《关于2010年前俄罗斯能源政策和燃料能源综合体结构改革的主要方向》（1995年5月7日第472号）。

应该指出的是，能源政策并不是一成不变的指令性文件，其任务和

---

① 载于《油气综合体经济与管理问题》杂志，2004年第1期。

实施机制是一个发展的过程，政策本身即是对本国、世界能源形势的监测和对经济、资源、需求趋势可能情况的预测体系。在制定能源政策过程中，最主要的是形成与不断完善能保障稳定的能源供应和合理地使用自然资源的组织、经济、法律机制，以维护当代和后代人的利益。因此，制定能源政策的工作一直未间断。

1995年《能源战略》通过时，俄罗斯国家经济发展也仅确定了基本战略，而经济发展中的重要原则并未界定。正因为此，在20世纪90年代的实际条件下，《能源战略》并未成为国家机构和经济主体在能源领域各类行为的指导性文件，尽管其确定了燃料能源综合体管理与改革的主要方向。自然，《能源战略》的很多原则也就未得到实施。

但是，实现《能源战略》确定的目标仍然成为迫切的任务。在20世纪90年代通过《能源战略》后，俄罗斯国内出现了新的社会、经济条件，因此能源领域需要新的政策决议。

第三阶段，制定新的俄罗斯能源发展战略成为必要，此次确定的时间是到2020年前。

相关工作在1999~2000年开始积极开展。2000年4~5月，《能源发展战略》和基本原则草案公布。学术界、生产领域、国家机关的成千上万名相关人员参与到这些草案的讨论当中。根据讨论结果，政府对草案进行了修订，在举行国家杜马听证会、联邦政府专家评审会后，2000年11月23日，俄罗斯联邦政府通过《能源战略基本原则》。

参照《基本原则》，并考虑了国内外发生的变化因素，《能源战略》制定完毕。2003年5月，联邦政府会议审议并通过《能源发展战略》，2003年8月22日，俄罗斯政府正式颁布第1234-P号文件确认通过《能源发展战略》。

《基本原则》中的主要内容得以保留：

主要目的——为加快经济发展和提高居民生活质量，最有效地利用能源领域的资源和生产潜力；

战略定位——能源安全，经济的能源效益，能源综合体的经济效率和生态安全。

国家能源政策的主要内容——矿产使用和国家矿藏资源管理，发展国内能源市场，确定合理的燃料能源平衡表，能源领域的社会政策，地区能源政策，对外能源政策，科技和创新政策。

国家调控的主要机制——建立合理的市场环境（体制、价格、税收、海关调节），国有资产管理，前景预测，标准和规则，支持战略倡议。

在制定《能源发展战略》时，考虑并评估了以下社会经济发展因素：

外部因素（世界经济发展速度，国际原油价格，世界需求及俄罗斯碳氢化合物的出口数量，一体化进程及俄罗斯加入WTO，支付外债额度）；

内部因素（经济改革进度，自然垄断优化和价格提高速度，通货膨胀变化，卢布升值空间，GDP变化，资本流失规模，国家支出）。

除上述经济发展因素外，《能源发展战略》还考虑下列条件：

世界经济发展和世界能源市场长期周期性规律的影响；

外债支付不涉及外债结构变化；

经济改革的进度加快；

通货膨胀降低，居民生活水平提高；

GDP结构以提高服务份额为调整方向，工业生产结构以提高加工和非能源行业为方向；

税收体制和预算体制的改革。

燃料能源综合体对国家经济的影响不仅局限于直接增长参数，重要的还有保障能源供应的稳定，合理和可预测的价格水平，以及价格因素对经济技术进程的影响。俄罗斯经济投资的技术结构和行业分配将取决于节能过程、自然垄断行业的定价政策。燃料能源综合体的发展将不仅对经济增长的数量参数，还将对其质量参数产生影响。

降低经济的能源消耗量是《能源发展战略》确定的重要任务之一。

若考虑到俄罗斯未来20年的GDP有望增加2.3倍，则在目前的经济结构和能源消耗量下，国内能源消费也自然会相应按比例上涨。即，能源消费应从目前的水平（2002年，9.15亿吨燃料当量）涨到30亿燃料当量。这是在任何条件下也不可能完成的任务。因此，《能源发展战略》制定的基准是，如此高速度的经济增长只能在不同于目前的其他经济模式下才能实现。当前首要任务是进行结构重组，经济的发展不能立足于金属、能源行业，而应该是加工工业、技术含量高的产业和高科技行业。只有这样才能实现经济高速增长，才能完成俄罗斯总统提出的10年内GDP产量翻番的任务。

除了结构因素外，还应积极采取组织和技术措施节约燃料和能源，即有意识地实施节约能源政策。从组织和技术角度看，俄罗斯的节能空间和潜力很大。

因此，《能源发展战略》中给出的结论很明确：需要积极的节约能源政策，既要有严厉的行政措施（包括标准、能源监督、能源审计，特别是预算方面），又要在结构调整的基础上对经济进行技术上调整。

还有一个重要的结论是：提高能源效率的主要条件是能源价格的增长和税收政策的完善。这只是一个条件，因为不能完全指望价格提高，则可解决跟能源效率相关的所有问题。价格的提高只是一个前提条件，而不是自动奏效的规律。

俄罗斯国内对燃料能源资源的需求主要是天然气。天然气在初级能源消费平衡中的支出比重将由目前的50%降到2020年的45%~46%。

液态能源（石油和石油产品）的比重在此期间将保持在20%~22%，而固态能源占19%~20%。国内对非燃料能源（包括水力电能、核能和可再生能源）的需求将保持稳定趋势。

电力消费将高速增长，与目前水平相比，所占比重将在2020年前达到25%~39%。但在此期间，电力消费在GDP中所占份额将逐步降低。

初级燃料能源的生产数量和结构取决于对内部需求数量和结构的预测。天然气是主要的能源载体，所以天然气工业也是燃料能源综合体的主要部门，尤其是对国内消费来说。《能源发展战略》也确认了已形成的趋势，即石油行业主要立足于国外市场（根据2002~2003年统计显示，75%的石油产量，包括石油产品都出口国外），这个预测趋势基本在《能源发展战略》中也得以体现。相反，天然气则主要满足国内市场需求。

《能源发展战略》中对燃料能源综合体的所有主要行业的问题和发展前景做了详细的研究：石油行业、天然气行业、煤、电能、包括核能、供暖、能源运输。针对每一行业，都给出了发展趋势预测、完善经营体制建议、详细描述了为达到预定目的需要满足的条件。

在形成国家能源政策的不同发展阶段，国家面临的任务也不尽相同。在第一和第二阶段，国家任务主要包括：在生产联合公司和企业全部股份制改造、部分私有化的基础上，对燃料能源综合体行业进行体制改革，为当代矿产资源有偿使用制度的形成夯实基础，保障对燃料能源综合体行业股份公司中国家股份的有效管理，研究国家对企业生产行为直接参与与间接管理相结合的形式和方式。综上所述，在对第一和第二阶段进行分析后，可得出油气行业的特点是：

- 从直接参与的形式向间接管理的方式转变；

• 倾向管理大型的垂直一体化公司，不关注独立和不完全一体化油气公司的设立和发展。

在此阶段，国家调控的主要特点是：

• 股份制和私有化进程与形成有效的间接调控机制不同步；

• 对许可证政策可促进形成有效生产结构、调节参与地区基础设施建设的作用和地位估计不足。

在形成2003年版《能源战略》的第三阶段，国家长期能源政策的战略目标是能源和生态安全、能源和预算效益。为达到上述目标，提高能源管理绩效需要制定和实施一些基本的国家能源政策，这些政策应相互联系，但每部分应有侧重点、责任、原则、实施机制和效果检测方法。这些政策应首先包括矿产使用、国家矿产资源管理、国内燃料能源市场发展、建立合理的燃料能源平衡、地区和对外能源政策，能源领域的社会、科研和创新政策等方面。

价格（费率）、税收、关税、反垄断等方面的经济调控手段是实施这些政策的工具。创建相互不矛盾而又灵活的经济调控体系是制定有效经济能源政策的重要任务和前提条件。

在执行能源政策时，国家将使用自己作为矿产资源和燃料动力综合体资产所有人的权利。为提高效率，国家对燃料能源综合体的国家财产进行重组和股份制改革，以期将国家的优势主要集中到系统管理方面（如运输基础设施）和高危行业（核能、水电等），并对国家未实行有效监督的其他资产实行私有化。

不断发展的法律体系是国家能源政策的基础。能源是社会生活的重要领域，应通过采取直接生效的法律对能源行业的各个方面全面地作出详细规定，形成能保障法律法规稳定、全面和不自相矛盾的立法的途径，不断完善能源行业的法律法规。

实施作为俄罗斯国家长期能源政策的《能源发展战略》，将有效促进形成发展的燃料动力综合体行业和竞争的能源市场，以满足经济发展对能源的需求和世界能源市场一体化的需求。

有必要对国家在矿产资源使用和矿产资源（油气行业的基础）管理方面的任务做详细的说明。对此《能源发展战略》确定的主要目标是：保障矿物碳氢化合物原料和其他燃料能源的再生和合理使用矿藏，以保证国家经济的持续发展。

为实现上述目标，《能源发展战略》规定：

- 兼顾燃料矿藏消费预测水平，在中长期矿藏研究规划基础上，完善和协调燃料能源综合体矿物原料的发展管理；
- 协调各级行政部门，保留联邦行政部门对发展燃料能源综合体矿物原料发展的规划权、主要调节和监督职能，明确划分对矿产使用的调控权；
- 完善矿产资源法，通过行政或民事法律方式（包括通过租让合同）向矿产资源参与者提供使用权，明确规定颁发许可证的所有过程以规范提供矿产使用权机制，简化小矿藏产地许可证颁发程序以保障当地的燃料能源消费需求，在许可证和合同中明确规定矿产使用者的与使用矿产、步骤和开发日期相关的工作量和形式，在转让矿产使用权时检查申请者的金融状况；
- 制定和实施转让矿产资源使用权规划和扩大使用权转让公开招标，包括颁发普查（勘探）和开发混合型许可证的招标；
- 为矿产使用者制定长期开发投资和建设开发运营运输系统的计划提供法律保障；
- 将基础设施发达的矿产开采区内产地的地质研究、普查和勘探工作从国家转给矿产使用人，同时制定促进矿藏可再生投资的优惠措施；

• 保证矿产资源的充分开发，使用新的技术与工艺，提高油田采收率；

• 按照确认通过的项目开发工艺文件开发矿产，严格完成项目决定；根据制定的分类，对碳氢化合物和煤重新评估；

• 对违反矿产使用条件，包括故意放缓矿产开发的使用人采取惩罚措施，对不完成投资义务和低效使用矿物资源的使用人制定提高其经济责任的措施；

• 加强对合理开发资源和保障长时间合理开采的监督。

国家在经济调控方面的任务更重。价格（费率）、税收和关税调控方面相互联系的措施应保障宏观经济和社会的稳定，为经济发展和提高俄罗斯燃料能源综合体企业金融稳定和投资吸引力提供有利条件。为此需要：

在调控天然气价格的基础上逐步消除不同能源载体间的价格差异，首先保障行业的自我融资水平（兼顾一定的投资），然后达到出口和国内天然气供应利润一致的水平（适用包括关税和税收调控）；

根据运输成本不同和向不同的消费者供应产品（昼夜时间、季节、消费量和规模不同），而适用有差异的价格（费率）水平；

废除交叉的财政补贴；

在社会消费标准范围内，给低收入阶层提供定向居住用能拨款；

在实行税收改革框架内，提升税收对提高生产、矿产开发和使用效率的作用，对限制性能源开发适用从征税方式向收取租金的转变；

形成对出口燃料能源产品的关税征收体系，既能灵活体现世界能源市场行情对国内市场的影响，又能促进高加工程度产品的出口。

当前积极实行的行政改革，应保障《能源发展战略》中提及的国家面临任务的实施。

参考文献

[1] A.M.马斯捷潘诺夫:《世纪之交的俄罗斯燃料能源综合体——现状、问题和发展前景》，莫斯科，现代笔记本出版社，2001年。

[2]《世纪之交的俄罗斯能源政策（两卷本）》，莫斯科，“纸莎草”出版社，2001年。

[3] A.M.马斯捷潘诺夫:《俄罗斯需要什么样的能源战略》,《油气垂直一体化》杂志，第17期，2001年。

[4] A.M.马斯捷潘诺夫:《谁需要俄罗斯的能源战略》,《石油与钻井》杂志，2003年1月号。

[5] A.M.马斯捷潘诺夫:《从俄罗斯能源发展战略看俄罗斯油气行业发展前景》,《碳氢化合物科学与工艺》,《科技杂志》，2003年第3、4期。

[6]《2020年前的俄罗斯能源发展战略》,《能源政策》杂志增刊，莫斯科，2003年。

[7]《俄罗斯能源发展战略（能源政策的科研论证）》，2003年，莫斯科，俄罗斯工业与能源部。

俄罗斯天然气行业发展战略和俄气的东部政策①

A.Г.阿纳年科夫、A.M.马斯捷潘诺夫、B.П.季莫希洛夫

1. 前 言

俄罗斯最近一二十年的能源和经济发展远景规划都是由俄联邦政府批准的《2020年前的俄罗斯能源战略》（下称《能源战略》或《战略》）来制定的。这份文件预计，按照现在的发展趋势，到2020年我国一次性能源资源的生产将增长27%~34%，即达到18.10亿~20.40亿吨标准燃料。国内燃料和能源消费的增长速度也将达到同样的趋势，即到2020年将达到11.45亿~12.70亿吨标准燃料。

虽然到2020年天然气在所有燃料能源中所占的比例将比现在要低，但国内对燃料能源资源的需求在整个规划期中主要还将是天然气。

对液体燃料（石油和成品油）和固体燃料的需求在整个规划期中将

① 原载《能源展望》杂志2005年第9期，第9~23页。

各占20%。对非燃料能源资源（水电站、核电站的电能和热能以及可再生能源）的需求将会比较平稳。

也就是说，天然气将是俄罗斯的主要能源，特别是对于它的欧洲板块来说，天然气行业也将是全国燃料能源的主要行业。《能源战略》只是确定了到目前为止形成的趋势，即石油行业主要是在海外市场发展。2003年，包括成品油在内，全国石油产量的近80%都销往了国外市场。到2020年的整个《能源战略》规划期中也将同样保持这个比例（70%~80%）；相反，天然气将成为主要用于国内消费的能源资源。天然气在整个燃料能源消费结构中所占的比重目前为50%。《能源战略》预计这个比重到2020年应下降到46%~47%，即保持目前的水平。因此，《能源战略》中确定了整个规划期的两个明显的倾向：石油——主要用于满足对外出口，天然气——主要用于国内消费。

2. 俄罗斯天然气行业的现状

天然气行业在俄罗斯经济改革的这些年里是表现得比较稳定和有效率的行业，它不仅满足了国内一半的能源消费，而且还为联邦预算创造了20%以上的外汇收入和近25%的联邦税收。全俄罗斯有超过8000万的居民在使用天然气，成千上万的工业和农业企业的能源供应主要依靠天然气，全国42%以上的电能和66%以上的热能产自天然气。

天然气行业的成功发展是建立在稳固的原材料基础上的。俄罗斯是世界上天然气供应程度最高的国家，储量占全球探明总储量的34%。我国发现和探明的气田有770个，其中400个已投入开发。俄罗斯天然气初级资源储量（陆上和大陆架）评估为236万亿立方米，其中累积开采量13.5万亿立方米，A+B+C1级探明储量48万亿立方米，C2

级——17万亿立方米，未探明（远景和预测）资源量——超过157万亿立方米。探明的天然气储量主要集中在西西伯利亚（77.4%）。预测资源量主要来自西西伯利亚、东西伯利亚、远东、喀拉海、巴伦支海和鄂霍茨克海的大陆架。

《能源战略》中认为，矿物原料基地的未来发展具有重大的意义。特别是《战略》中指出，因为这些原料基地可观的开采量，俄联邦到2020年的许可证制度的程序和条件应该做到确保这些原料基地的扩大再生产。在天然气行业，这就意味着天然气储量的增长应该达到11.2万亿~18.8万亿立方米。为了实现这些原料基地扩大再生产的计划，必须在资源许可证制度上采取积极的政策。

3. 俄罗斯能源战略关于天然气行业的发展前景

《能源战略》确定了国家在天然气行业长期政策的两个主要目标：

- 能够可靠地满足国家经济对天然气的需求；
- 提高管理职能的有效性，发展天然气工业。

为达到这些目标，《能源战略》规定：

- 完善资源利用体制和税收体制，从而为扩大新气田以及中小型气田、低产气田、进入开发后期的难采气田的开采、开发创造条件和加大推力。
- 通过为挖掘包括独立天然气生产商在内的天然气市场的所有主体的生产和投资潜力创造条件，为天然气行业发展提供良好的机制；
- 最大程度地扩大俄罗斯天然气出口利益并减少因向欧洲现货贸易转变而有可能造成的外汇收入损失。因此，在整个规划期内都规定，天然气的出口必须保持渠道统一，只通过一个运营商，以保证俄罗斯的天然气在外部市场上不会同本国形成竞争，并保持目前现行的长期合同体制；

- 国家对天然气进口长期互利合同的支持，为节约自有资源提供了保障，也为提高国内外碳氢化合物消费市场供应的稳定性提供了保障；
- 完善国家对天然气行业的管理和调控；
- 建立和发展现代天然气市场。

预测天然气开采量的多少将根据我国经济发展的不同情况存在显著的差别。

综合国内外的有利条件和因素（在乐观和有利的发展形势下）预计，天然气开采量到2010年将达到6450亿~6650亿立方米，到2020年将达到7100亿~7300亿立方米。如果以保守的经济发展方案预计，天然气的开采量则将显著减少——到2010年达到6350亿立方米，到2020年达到6800亿立方米。

决定天然气行业发展的主要因素首先是国家的价格和税收政策，具体天然气市场的建立情况以及资源利用体制。

俄罗斯天然气行业在整个战略规划期中主要还是以俄罗斯天然气工业股份公司（下称“俄气”）为基础。近年来，俄气保持着稳定的发展，逐步挖掘增长潜力。该公司2001年的天然气产量为5120亿立方米，2002年为5219亿立方米，2003年为5402亿立方米。

2008年，公司管理委员会作出决定，将公司到2020年的天然气产量提高到5600亿~5800亿立方米。这个产量在《能源战略》中同样也得到了确定。

《能源战略》是以下列条件为基础的，在这些条件下才可能有乐观的经济发展形势：

1）国内天然气价格到2010年提高到59~94美元/千立方米（不含增值税、配送网运输费、供销服务费用）。由科学院主管专家参与的研究表明，如果价格不能提高，甚至整个天然气工业都无法立足，更不要说高效发展了。

2）发展独立生产商的天然气开采。但这其中，独立生产商也应参与干线天然气管道的改建和开发的投资，因为现有的管网系统运输能力有限。

3）完善资源利用体制和税收体制，从而为小储量气田、进入开发后期的气田以及深埋藏的下白垩纪、阿奇莫夫地层气田的开发创造条件和加大推力。

谈到《能源战略》中的价格政策，必须指出的是，价格的提高应该是分阶段的，以给消费者一个接受市场价格条件的适应期。贫困居民应预先获得针对气价上涨的定向损失补偿。

3.1 俄罗斯东部天然气行业的发展

在整个战略规划期内，天然气行业的主产基地主要是亚马尔—涅涅茨自治区，该地区集中了全俄72%的天然气储量。但我国东部地区天然气的开采已经显示出超前发展的趋势。东西伯利亚，包括一些毗邻远东的地区，在规划中被列为俄罗斯第二大重要的天然气产区。因此，必须指出，东部（亚太）方向在我国长期能源战略的优先发展体系中占据着重要的地位。而这在相当大程度上取决于该地区的大型油气项目能否得以实施。

《能源战略》为我国东部天然气行业提出了以下发展任务：

- 行业超速发展；
- 在该地区建立和发展大型天然气开采区域和中心；

- 俄罗斯进入亚太地区天然气市场。

完成这些任务的首要条件是该地区有巨大的资源基础。东部地区集中了我国25%的天然气初级资源量，达到59万亿立方米。

东部地区陆上天然气初级资源总量为44.8万亿立方米，其中资源量最大的是泰梅尔和埃文基自治区、萨哈（雅库特）共和国和伊尔库茨克州。但这些初级资源量的探明程度非常低：西伯利亚联邦区为8%，远东为11.5%。

东西伯利亚和远东的大陆架还蕴藏着14.5万亿立方米的潜在天然气资源量。鄂霍茨克海——6.2万亿立方米。还有大部分的资源量蕴藏在萨哈林岛的大陆架。

由于存在着这样的资源基础，《能源战略》指出，在经济形势良好的条件下，东西伯利亚和远东的天然气开采年产量有望在2010年增加到500亿立方米，2020年达到1100亿立方米。如果按照保守的经济发展方案计算，这个数字将分别为300亿和950亿立方米，而经济形势恶化，则分别为2010年——250亿立方米，2020年——550亿立方米。

地区管线的发展也具有重要的意义。俄罗斯总统普京在给联邦议会的咨文中也提出了相关的任务。

俄气把参与东西伯利亚和远东地区天然气开采、运输和销售项目规划的实施列为公司最重要的业务方向之一，公司董事会于2003年11月25日通过了有关在该地区业务发展的决定（第516号决定）。

由此可见，我国东部天然气行业发展的主要问题不是储量不足，而是运输基础设施的匮乏，而运输基础设施的发展取决于国内该地区天然气消费市场的形成速度和亚太国家对俄罗斯天然气需求增长的速度。

研究表明，国内市场对天然气的需求有可能将得到快速发展。虽然东西伯利亚和远东目前的能源消费还是以煤炭居多，但我们预计，该地区的天然气市场将不断地发展，天然气消费量也将不断提高，这其中也考虑到一些未来对环保的要求。随着《能源战略》的实施，在该地区各燃料市场之间也将形成一种竞争。天然气的价格将由各种燃料的供应和需求情况决定，而不是由政府直接调控。

3.2 俄东部地区天然气的出口前景

对于俄罗斯的天然气来说，亚太国家将成为21世纪最有潜力的市场。所有的预测都表明，中国对基础能源的需求还将增长，并且目前已经成为继美国之后的第二大石油消费国，另外韩国、日本和该地区的其他国家的需求也将不断增长。所有的乐观的预测都认为，由于美国液化天然气市场具有良好的发展前景，使得俄罗斯的气不仅可以从大西洋海岸登陆美国，而且也可以从太平洋海岸进入美国。

这其中，上述各个国家的市场也各具特色。例如，中国的天然气市场就还处在初期发展阶段，对天然气需求的增长将是逐步的。韩国和日本目前的市场已比较成熟，主要倾向于接收液化天然气。美国的液化天然气市场则处于飞速发展阶段。

对俄罗斯东部特点的分析研究表明，针对该地区油气资源的开发必须要走系统化国有化的道路。关于这一点，近年来俄气一直在向国家领导层的汇报中和在对外发布的信息中一再强调。俄气的立场是，只有通过这种方法，才能把所有的因素都考虑进去，包括国内天然气市场现状和前景，天然气出口到东北亚国家的前景，我国东部地区统一天然气运输管网的发展等，从而确定更为合理的开发顺序和时间。只有这样，才能把组织资源利用企业的工作同国家和地区经济发展的首要任务结合起来，才能使开采出来的天然气以对俄罗斯最有利的条件卖出去。

如果不采取系统化的方法，最终的结果不仅会对国家不利，而且对资源利用者也不利，因为这将意味着额外的费用和风险增加、项目成本增加以及项目实施日期和目标市场的不确定性。所有类似的项目如果没有统一天然气运输网的话，都将不可避免地受到没有溢流保障的地区管网的限制，不能获得最佳技术方案，且损耗较大。此外，分散的资源利用者各自拿项目，在互相之间形成竞争，当不同的项目都定位在同一个外部市场时就会显现出来，这自然会对天然气供应商和国家造成巨大的损失。

3.3 建立俄罗斯东部天然气统一开采、运输和供应体系

采用统筹化的、系统化的方法发展天然气行业，早在苏联时期就已得到成功实施。那时就选择了建立统一天然气供应系统，这个系统可以保证系统的可靠的天然气供应，实现灵活的气流调动，并且可以实现对气田开发和许可证经营业务的顺序和时间进行长期规划。还有很重要的一点是，通过建立这样的系统，可以实现“俄罗斯的天然气”出口，而不是某个单独气田的气出口，从而保证了俄罗斯在销售出口天然气时，以一个统一的对外出口商——“俄气出口公司”来面对消费者，并取得最佳的销售条件，同时，海外的消费者也获得了稳定的供应。

我们认为，在俄罗斯东部地区开发新的天然气产区时也必须采用这样的方法。扩建东部的统一天然气供应系统、发展东西伯利亚和远东的统一天然气供应系统，可以实现根据国内的发展状况和国际市场的形势变化确定最合理的气田开发顺序，从而获得资源利用的经济效益最大化。

我国政府总体上是支持我们这种方法的，并在2002年7月16日的No.975号政府令中授权能源部和俄气制定《在东西伯利亚和远东建立统一天然气开采、运输和供应系统并考虑出口亚太国家市场的规划》。这是提出确定我国东部天然气行业发展战略的基础文件。它的草案在

2003年3月的俄联邦政府会议上被讨论并原则通过。

在这次会议上确定，政府在实施《规划》时要本着以下几个基本原则：

• 首先满足俄国内消费者的天然气需求，支持通过扩大统一天然气运输系统来保障俄罗斯的天然气供应的稳定性；

• 以同其他几种竞争性燃料价格联动的气价为基础建立天然气市场，而不是以国家直接行政调控的气价为基础；

• 以一个天然气出口商为基础执行出口政策；

• 用偏远气田和高成本气田的气解决出口问题，并在天然气出口中争取把有利的价格条件固定在一个较长的期限内。

目前，正在按照上述原则对《规划》进行修订。修订的主要方向为：

• 研究建立油管道和气管道“公共走廊”的可能性；

• 研究环境保护问题；

• 解决氦气问题；

• 细化天然气开采和运输成本；

• 国内外市场的辅助研究。

俄气开发大型油气产区的经验表明，必须有基础气田项目为依托，才能保证建立的开采和运输系统的可持续性。

目前，我们考虑作为东部地区基础项目的气田有以下几个：

• 科维克金气田——伊尔库茨克州；

• 恰扬金气田——萨哈（雅库特）共和国；

• 索宾斯克—柏金气田和尤鲁布钦—塔霍姆斯克气田——克拉斯诺亚尔斯克边疆区；

• 萨哈林大陆架的油气田。

就是这些气田将成为东西伯利亚和远东地区天然气工业发展的

基础。

储量最大的科维克金凝析气田的C1+C2级储量达到1.97万亿立方米。

恰扬金凝析油气田以其C1+C2级储量达到1.24万亿方成为该地区第二重要气田。该气田还需要进行补充勘探和深度钻探，其探明储量也将随之提高。

位于埃文基自治区的尤鲁布钦—塔霍姆斯克和索宾斯克—柏金凝析油气田是建立第三个地区天然气开采中心的基础气田。

部分萨哈林大陆架油气田已经被纳入已实施的萨哈林—1和萨哈林—2项目。另外，这里还有一些其他前景良好的项目，包括萨哈林—3项目、萨哈林—4项目和萨哈林—5项目。

基础气田可以将周边小型气田的气集中起来，建立地区天然气开采中心。根据现有的储量，俄气评估的年度天然气产量如下：科维克金中心——310亿立方米，恰扬金——220亿立方米，尤鲁布钦—塔霍姆斯克——180亿立方米，萨哈林——370亿立方米。

东西伯利亚和雅库特的气田具有成分复杂、氦气含量高、含环油带和高凝析比等特征。在它们的基础上，可以建立天然气加工和高附加值产品的生产基地。

东西伯利亚和雅库特气田的氦气是一种独特的、能够应用于高科技的贵重产品，是俄罗斯独有的产物。因此，要想开发这些地方的气田，特别是像科维克金、恰扬金这样的巨型气田，必须要能够回收氦气。而且，在加工天然气的同时还要解决氦气利用的问题以及在西伯利亚地区直接建立专门的氦气利用企业问题。预测显示，俄罗斯如果能够妥善处理好氦气这种珍贵的原材料，是完全可以进入国际氦气市场的。某些资源利用企业提出因其不可回收性而拒绝利用氦气，这样的方案是不会得到真正的国有化方式的认可的。

我们在东部地区选择各种天然气输送方向的时候应遵循以下几个原则：

- 保证俄罗斯总体天然气供应的稳定；
- 不仅考虑东西伯利亚的利益，还要考虑远东的利益；
- 考虑亚太国家对俄罗斯天然气需求的逐步增长，以获得最有利的出口条件；
- 环保因素。

在这些原则的基础上就产生了建立东部天然气供应中央干线规划图的想法，规划图主要是服务于前面提到的东部规划的目标和任务。这条干线将东西伯利亚和远东的主要气田连接起来，接入俄罗斯统一天然气供应系统。

中央干线的想法完全是根据上述建立东部天然气供应系统的几个原则提出的。其中，在纳德姆—普尔—塔兹地区天然气产量下降的条件下，必须尽量延长北部天然气供应中部地区的时间。这个问题可以通过把目前输往西西伯利亚南部的北部天然气改为输往俄罗斯的欧洲地区来部分解决，而输往西西伯利亚南部的气可以用东西伯利亚的气替代。这样的办法可以延长“老的”气产区对中部地区消费者的天然气供应，并可以让经济对亚马尔半岛的高价气有一个平稳适应的过程，为准备亚马尔半岛气田的完全开发赢得时间。

关于东西伯利亚和远东的利益问题的考虑，规划图也对各气田的目标市场做了划分，各气田间不形成竞争。与科维克金气田供气项目实施的迫切性相反的是，在东部方向雅库茨克的气田（恰扬金及其邻近气田）却遭遇了长时间的冻结。原因就是——恰扬金气田向西或向东都没有出口量，如果只供应国内市场的话没有经济效益。因此，恰扬金气田项目只有当其出口量能为其开发和运输实现赢利时才能真正付诸实施。

这其中，我们看到，2020年前，恰扬金气田和科维克金气田能够实现同时在有利的条件下向外部市场供气，且相互之间不形成竞争是不可能的。原因在于邻近的东北亚市场对俄罗斯天然气的需求增长是逐步的。特别是，目前中国东北地区还不具备发达的天然气消费基础设施，而建成这些设施起码需要10年的时间。另外，东北地区也是中国煤炭的主产区之一，因此这里对俄罗斯天然气的需求增长将会是逐步的。

这样一来，科维克金的气先行出口使得恰扬金的气还将被封存多年。同样，这也加大了组织远东地区（南雅库特、阿穆尔州、犹太自治州、南哈巴罗夫斯克边疆区、普里莫尔斯克边疆区）天然气供应的难度。由于雅库茨克的气田长期没有市场需求，对于国家来说也损失了收入。

恰扬金气田的储量可以满足未来中国和韩国对俄罗斯天然气的进口需求。我们建议这个项目的实施放在2009~2010年，根据市场分析显示，那时的俄罗斯天然气出口到中国和韩国将会是最有利的。

采用这种方法，可以实现东西伯利亚和远东天然气资源最具有利的开发，到2010~2013年已经可以在整个远东组织天然气供应。

中央干线的布局使我们相信，俄东部地区和东北亚邻国的天然气消费将获得稳定持续的供应。

在中央干线的基础上，到2020年已经可以在俄东部开始建立该地区的天然气统一开采运输系统。系统的建设可以分为几个阶段进行，以便优化资本投资。“东部”的天然气干线管道将有很长一段路线是与原油管道干线相重合的。在太平洋海岸还将可能建设一个大型的液化气工厂和装运压缩气和液化气的出口终端。这些通过管道供应东北亚天然气市场的俄罗斯气同时还可以作为液化气供应，以推动俄罗斯液化气船的发展。

当然，统一系统的发展前景还是取决于市场。

随着时间的推移，这个系统到2020~2030年后将逐步成为统一东亚天然气市场管网的一部分，并将同欧俄天然气联网市场连接起来。相应地，东北亚的所有国家在这个规划的实施中都将占据一席之地。

谈到俄气的东部政策，不能不简单地谈一下我们的西伯利亚和远东的天然气化计划。目前，这些地区的天然气化程度还很低。在诺利里工业中心和萨哈（雅库特）共和国、萨哈林州和哈巴罗夫斯克边疆区拥有一定的局部管网。现有的支线管网利用程度也不高。

该地区天然气配送系统的发展计划将根据“俄气参与天然气化方案”，在天然气供应总体规划的基础上实施。目前已经制定了托木斯克州天然气供应和天然气化的规划，优先发展地区是阿尔泰边疆区和克麦罗沃州。总体规划是在考虑到天然气在能源结构中的合理比重、节能、地方能源资源的最大程度利用、备选天然气化规划等因素的基础上制定的。在这些总体规划中，还必须考虑到现有天然气管道的负荷。换句话说，即天然气化的推进顺序应首先考虑利用现有的运能。

天然气化是地区社会经济发展的一个重要因素。天然气的使用将解决很多大的地区经济、社会和环境问题，包括提高地方财政收入。俄气将同东西伯利亚和远东的这些地区一道，共同致力于这项有益的事业。

总　结

最后必须指出，建立俄罗斯东部地区统一天然气开采运输系统是国家的一项重要任务，需要大量的投资。预计，仅在上述《规划》实施期间就需投入350亿~400亿美元。

要完成《规划》中的任务离不开国家的支持，需要联合投资者、国家和金融机构共同的财政力量。

为减少风险和支出必须做到：

- 统筹气田开发；
- 建立统一的天然气运输基础设施；
- 将俄罗斯的东部天然气资源开发计划同东北亚国家天然气市场发展的国家计划协调起来；
- 在政府间协议和长期合同的基础上组织天然气出口供应。

为统筹开发地区烃类资源，俄气同俄罗斯石油公司、苏尔古特油气公司都成立了联合企业。

保持我们的规划同周边亚太国家的能源计划协调一致具有重大的意义，必须要签署相应的政府间协议。

统筹开发天然气资源和建立地区统一天然气开采、运输和供应系统为我国东部的工业增长、社会经济和环境的改善、扩大统一天然气供应系统并提高其可靠性、为向亚太国家出口天然气创造更多条件提供了保障。

这就是为什么对于俄气来讲，在俄东部地区的业务发展将成为公司最重要的战略使命之一。

俄罗斯能源战略：形成阶段和实施结果

2005年8月，俄罗斯联邦政府批准《2020年前俄罗斯的能源战略》（以下简称《能源战略》）已有两年的时间了。显然在此期间，许多发展问题不可能得到完全解决，很多发展趋势不可能得到较好地预测。两年是一个极其短暂的期限，不可能对此份用于长期的文件作出充分的评价。

但以前我国在能源方面也有类似的文件，它们的实施状况如何，它们的实施是否有什么共同规律呢？我就试着来给这些问题找一下答案。

1.《能源战略》的形成阶段

《能源战略》制定于2003年8月22日，它是此前在国家长期能源政策框架下制定的一系列文件的延续和发展。《能源战略》还得追溯到1992年，当时经科学院的提议，在俄罗斯燃料能源部的支持下制定了《新经济条件下俄罗斯能源政策构想》，其基本原则在俄罗斯联邦政府会议上得以通过（1992.9.10，26号纪要）。该文件指出，必须制定新的国家能源政策，文件还阐述了新能源政策与以前在行政制管理体系框架内制定的能源纲要的原则区别，并规定了能源政策的新内容和主要任务。

以该构想为基础，在1993~1994年间制定了《能源战略》。这项工作吸引了一大批来自国内数十家重要科学研究院所和机构的专家和学者，他们根据俄罗斯联邦政府的命令（1993.3.15，418号命令）开展工作。为了实施该《战略》，在俄罗斯能源部、经济部、科学部、自然资源部及俄罗斯科学院的基础上又成立了部门间委员会及执行处。

《能源战略》既继承了苏联时期的能源纲要，但同它们又完全不同，因为它以新的地缘政治局势和俄罗斯市场经济的发展为出发点，以各联邦机构及联邦主体依据《俄罗斯宪法》所履行的新职能为出发点。《能源战略》在对形势进行分析的基础上，从整体经济利益和向消费者提供能源供应的社会重点出发，确定了发展国内燃料能源综合体的结构、区域、技术政策的目标、重点、方向和方法。该《能源战略》提出的目标是：在未来居民消费水平和经济安全要达到中欧的水平，同时要注意从整体上解决俄罗斯各个地区的能源保障问题。该《能源战略》还补充了对燃料能源综合体的行业发展状况的预测。生产规模的制定是考虑了产品的需求和偿付能力，以及随着国家摆脱经济危机后对产品需求量的增长。投资纲要是根据拨款源形成的。价格税收政策、私有化、非国有化、管理体制的变化、俄罗斯与独联体国家之间的相互关系、国内外投资商之间的相互关系，以及完善法律法规的各项建议——这一切在该《能源战略》中都有所体现。

整体而言，《能源战略》并非将重点集中在确定国内燃料能源综合体发展进程的参数上，而是将重点放在创造必要环境和条件使这一进程能按所需的方向发展。因此，该《能源战略》中所提供的大量评定只是预测性的。《能源战略草案（基本原则）》最初就得到了俄罗斯联邦政府业务问题委员会的通过（1994.12.7），然后又经俄罗斯联邦政府以专门的决议通过（1995.10.13，1006号决议）。

然而国内经济危机的加剧要远比《能源政策构想》和《能源战略》各消极版本的说法要严重得多，社会经济政治持续不稳定、国内各寡头集团为经济和政治利益相互争斗，导致能源领域改革的具体决议远远地背离了《能源战略》的内容。除此之外，《能源战略》通过的时候，国家经济发展战略只有一个大概轮廓，社会和各政府部门对经济发展的基本途径未能达成一致意见。参与《能源战略》制定的人，包括来自科学界、实业界的人士以及整个社会都持乐观态度，结果使大家对国内和世界经济局势造成的一些问题的规模及时间都未能作出正确的判断，其中包括在制定《能源战略》时期的拖欠情况，这是现实经济领域对经济改革方法的回应。还未成为大范围的普遍现象，而它的后果也远未蔓延到像20世纪90年代后半期那样危险的规模。人们都未料到，1997~1998年世界上发展最快的地区会爆发金融危机，世界石油价格空前下跌。

正因如此，在20世纪90年代的具体环境下，虽然《能源战略》为燃料能源综合体确定管理和改革的任务方案时提供了基本指向，但未能成为经济领域、国家各政权机构以及各经营主体开展实际活动所遵循的文件。自然，《能源战略》的很多原则也就未能成功实施。

1998年俄罗斯联邦燃料能源部通过了新着手准备的到2020年俄罗斯《能源战略》的决议。经过1999~2000年间的紧张工作，2000年4~5月公布了《能源战略基本原则草案》和《能源战略草案》，数百位专家、学者、生产厂商、政府部门人员参与了草案讨论。根据讨论结果，在俄罗斯国家杜马进行了听证，俄罗斯联邦政府鉴定委员会审核了这一草案。随后，2000年10月23日俄罗斯联邦政府审核并通过了《2020年前俄罗斯能源战略基本原则》。

2000年版的《能源战略》在商界、各地区和科学界得到广泛共鸣，然而其后它就遭受了同自1995年以来每个版本《能源战略》的同样命运，即在通过了这一文件后政府又立即通过了一系列与该战略背道而驰的决议和法律草案。结果不到一年半的时间，新《能源战略》中的一系列基本提议都未得到实施。例如，政府批准的《能源战略基本原则》是以立即提高国家调节燃料能源价格和税收为基础的，然而到2001年这一条才在运行进程中起到特别作用。同年，根据《能源战略》提高燃料能源价格和税收的提议未获通过。而石油天然气厂家的投资活动、消费者希望合理节约地消费能源以及各级机构预算规模与此决议也密切相关。

俄罗斯联邦政府所批准的《俄罗斯能源战略基本原则》的出发点是必须加强租金性税收，在俄联邦总统的预算咨文中，也直接指出了对开发矿藏活动的税收应优先考虑租金。但是在2001年由政府提交给国家杜马通过了《矿产资源开采税收法案》，其税收缴付与租金性税收完全不同。由此，必须使《能源战略》进一步明确，这在俄罗斯联邦政府会议第50号会议纪要（2001.12.6）也有所提及。制定和明确《能源战略》的过程是艰难而痛苦的，在2002年3月14日政府会议前重新修正和“确切”的《能源战略》版本准备完毕，在协商一致后被正式提交给政府，以使其在议事日程规定的期限内接受审核，然而制定这个文件的部门在政府会议即将召开的前几天将其收回去了。正值此时，认为《能源战略》既不应包含经济发展、能源需求以及燃料能源综合体的预测参数，不包含具体的建议（包括各阶段和具体数字），也不应包含任何有关政府应承担义务的想法，在政府圈内及俄罗斯联邦燃料能源部占了上风，就这样制定了新的《战略》。2002年5月俄罗斯政府会议讨论了这一版本的《能源战略》，但被搁置了。实际上从2002年秋天起又开始了另一项文件的研制，这一文件在2003年5月政府会议得以通过，同年8月22日俄罗斯联邦政府第1234号命令确定了这一文件。

2. 实施《能源战略》所带来的结果

评估在过去的时间里实施《能源战略》所带来的结果时应指出，《能源战略》是在极好的条件下实施的。《能源战略》中确定全俄经济发展前景，包含燃料能源综合体发展的主要参数是世界石油天然气的价格水平，世界石油天然气价格和世界的预期增速也成为对俄罗斯社会经济发展做出各种预测的基础。基于上述因素，《能源战略》确定了国内国民生产总值和投资的增长指数。

持乐观态度版本的《能源战略》预测，俄“尤拉尔斯”牌石油的世界价格在2003年达到25.5美元/桶，而2004年为22美元/桶。事实上，2004年该品牌石油价格达到34.4美元/桶，并且在2003年它也高出所预测的价格：第一季度为29.24美元/桶，第二季度为23.86美元/桶，第三季度为27.05美元/桶，第四季度为27.99美元/桶。该版本《能源战略》还预测，2004年俄天然气的平均合同出口价为93美元/千方（2003年为87美元/千方），2004年其实际价格为109美元/千方（2003年的实际价格为104美元/千方）。

乐观版本的《能源战略》预测世界经济会高速、稳定发展（2003年涨幅为3.2%，2005年及以后几年的涨幅均为每年3.5%），而这一指数实际上达到了3.6%，这保证了大部分原料商品的国际市场行情良好，而这些原料商品是俄出口的基础，如初级能源、黑色和有色金属、原木等。由于这一良好的行情，2004年俄罗斯出口额增长36%（其中70%

是由于价格的增长），收益达到1815亿美元。

据俄罗斯经济发展部统计，出口对国内生产总值增长的贡献率为6.4%，其中3.6%的增长得益于国际市场原料价格的上涨。俄罗斯在2004年能源出口增长9.2%（而不是《能源战略》所预测的1%），其构成如下：石油——2.557亿吨，石油产品——8210万吨，天然气——2003亿立方米，煤炭——7200万吨。

在这种情况下，似乎可以预期成功地完成《能源战略》中的各项基本规定和指标，而实际情况呢？《能源战略》提出的主要任务之一是降低经济的能源耗量（提高经济中的能源利用率）。正如文中所述，在经济结构中，提高能源利用率，首先取决于国内经济的结构改革和燃料能源利用方面的技术进步。同时，国内生产总值增长的速度越快，服务业和高技术产业的作用越大（也就是说，资源和能源生产给国民生产总值的贡献率越小），经济增长中所需的能源消耗就越少。

过去的两年中，俄罗斯的经济结构改革快速推进。据俄罗斯经济发展部的数据显示，在2004年国内生产总值中，仅服务业的比重就由50.5%上升到59.9%，同时，商品生产的比重由49.5%下降到40.1%（不包括税收）。工业领域也呈现出相同的趋势。2004年俄罗斯机械产品的产量增长了11.7%，黑色冶金业增长了5%，有色冶金业增长了3.5%，电能增长了0.3%。我们发现，机械制造业的单位能耗比电力工程、黑色冶金业和有色冶金业相应低8/9、3/4和5/6，大约低2/3。

正是由于俄罗斯经济结构的改革，从而在整体上保证了降低国内生产总值能耗的预期。据能源战略研究所的专家统计，2004年这一指数仅占2002年的88%（据《能源战略》预测，2005年降为82%），仅2003年俄罗斯经济的能耗量下降了4.5%。

《能源战略》希望，降低经济能耗量的2/3依靠经济结构的调整，

1/3依靠技术和组织措施提高燃料和能源的利用率。

但是，让我们从另一方面再来看看这一过程。俄罗斯在2004年国内生产总值增长了7.1%（2003年为7.3%），同时，国内对燃料能源的需求增长了2.4%（2003年为2.9%）。但就上述而言，国内生产总值增长了7.1%，其中出口占到这一增长的6.4%，而出口增长中的3.6%是由于国际原料市场价格上升造成的，不需要消耗任何能源。因此，国内生产总值中净增长的3.5%那部分是由于能耗增长了2.4%，也就是说，国内生产总值中70%的增长是以能源的消耗增长为前提的。因此可以断定，在过去的两年中并未积极实施降低生产和服务领域中能耗量的节能政策。

如果我们分析一下经济中提高能源利用率的条件，那么以上结论就显得非常明显了。《能源战略》首先将以下要素纳入了该条件：有根据地提高国内能源的价格，且这一点从经济上证明是正确的，价格提高的速度应是消费者能接受的；逐步消除税率中的交叉补贴，首先是电能中的交叉补贴，继续住房公用事业改革，同时还要继续向生产现代化和技术更新方面投资。事实上，我们不是用在经济上合理，以及消费者能接受的速度去有根据地提高国内能源价格，而是在不受国家调节的能源市场（尤其是石油市场）上任意调价，实际上也就是拒绝国家调节的电能和天然气市场上提高价格。

如此，2003~2004年内俄罗斯石油产品的价格平均增长了50%。而现在国内市场的汽油价格为国际市场的98.3%（在税收相同的情况下），而柴油价格为国际价格的89%，俄罗斯和美国汽油站92号汽油的平均价格在2004年9月达到一致，不仅如此，2004年初俄罗斯的汽油价格甚至超过美国。不过，2004年夏天美国的汽油价格因石油价格的上涨而上升。这正如尤·康·沙弗拉尼克[①]所指的那样，当美国人大部分进口石油的价格每吨为225~250美元时，俄罗斯的石油开采价格却仅为20~40美元/吨。原因就在于市场的垄断和上下游一体化石油公司的价格妥协导致反垄断调节毫无效率可言。《能源战略》未得到实施，因为它的发展国内燃料能源市场政策的目标本来是：建立和发展具有高度竞争和遵循公平贸易原则上透明的能源市场，在此基础上以稳定和可接受的价格来长期稳定俄罗斯消费者对高质能源的需求。

相反，在国家调节的电能和天然气市场上国家（通常是俄罗斯联邦经济发展部和财政部）的政策是，“自然垄断服务行业费率的增长速度不应超过通货膨胀的速度”。该政策直接否定了《能源战略》中有关“在首先使天然气的价格接近其自筹资金水平（考虑了必要投资），然后使其价格接近能保证出口天然气和供应国内市场获得同等利益的价格水平（包括利用关税和税收调节的手段）的基础上，分阶段地消除主要能源价格的比例失调”这一指标。而天然气工业和电能的投资项目能否完成在很大程度上取决于国内天然气和电能的价格。

至于提到逐渐消除税率中的交叉补贴，首先是电能的交叉补贴以及继续进行住房公用事业改革的问题，都没有什么成绩可言。仅仅到了2004年10月俄罗斯联邦政府才责成经济发展部制定取消电能交叉补贴的总体行动计划（2004.10.07财政部No.－П9－5500任务）。

对生产现代化和技术更新的投资状况要稍微好一点，无论是燃料能源综合体还是整个国家都是如此。2003年出现了真正的“投资热”，这主要是由经济中储蓄的增长和外来资金的增多而带动的。2003年主要的投资仍集中在自然垄断领域及经济中以出口为导向的领域。2003年

① 尤里·康斯坦丁诺维奇·沙弗拉尼克——俄罗斯油气工业理事会主席。——译注

这些领域的投资总额大约占到俄罗斯固定资产投资增长的一半。2003年1/3的直接外来投资都投到了出口导向型行业。2004年固定资产总投资额增长了10.9%，其中燃料能源综合体领域增长了3.95%。似乎进步很明显，因为是从前一个时期“取得的成绩”起算的。但要是和1990年比较一下，情况就不像这样让人高兴了。统计证明，2003年固定资产投资仅为1990年的32.8%，而2004年为1990年的36.4%。自然，在这种投资规模下就谈不上生产领域的大规模现代化和提高其能源利用率了。

燃料能源综合体的投资状况并不更好一点。据俄罗斯工业能源部的初步分析，2004年电能的投资额为应投资额度的60%，天然气开采投资额为应投资额的76%，石油开采为75%，石油化工为94%，煤炭工业为86%，燃料能源综合体为72%。也就是说，总体比应投资额少了1760亿卢布。

因此，尽管面临给俄罗斯主要能源生产带来迅猛发展的大好时机，但这一进程却不乐观。我们以石油工业为例。就像已提到的那样，在良好的国际市场的带动下，最近几年俄罗斯的石油开采量快速增长，实际上大大超过了《能源战略》的预测。比如，2001年石油开采量增长了7.7%，2002年增长了7.6%，2003年增长了12.5%，2004年增长了8.9%。结果2004年全俄的石油（包括石油和天然气冷凝液）开采量达到45900万吨。而当时据《能源战略》估计，即使在2010年石油开采量也只能达到47700万吨。然而，最近几年俄罗斯开采量的增加都是在原有的基础设施上增加的。同时大部分公司增加石油开采量主要是在已开发的地区，依靠恢复已有油田的生产技术潜力来实现的。这种增加开采量的主要特点就是所需的投资低。2002~2003年的投资仅为1990年的42%~44%；2000~2001年为1990年的37%~39%。2004年石油开采量创下了纪录，而对石油领域的投资，尤其是对钻井的投资比2003年减少了1.6%，而钻井勘探投资也减少了16.6%。因此，石油领域再生产过程的调节机制还远未达到正常的水平。

石油业矿物原料基地的状况更为糟糕。从1994年开始，石油勘探的增长量总是少于石油的开采量。最近两年也是如此：2003年石油冷凝液的勘探量为24000万吨（为石油开采量的57%），2004年为25850万吨（为石油开采量的52%），2005年石油勘探量的增长预计还是这么低——预计为28000万吨。实际上天然气行业也出现了类似的情况。

石油天然气综合体中矿物原料基地出现的这种情况使国家能源安全受到的威胁逐年加大，而能源安全是国家经济中至关重要的环节。当然，为防止这一威胁，国家各联邦机构都采取了一定的措施。比如，俄罗斯自然资源部制定了《2020年前在平衡矿产资源需求及再生产基础上研究俄联邦地下矿藏和矿产资源再生产基地国家长期规划》的草案，它已通过政府审核，而中央油田开发委员会已开始展开工作等。（2004.11.26 联邦地下资源利用局命令No.531）但要解决这一问题仅采取上述措施是不够的。

现在很多人都寄希望于新的《地下资源法》。但俄罗斯联邦政府拟定的这项法律草案能承受得住多大的舆论压力，这取决于我们以后面临的大量工作。

国家能源安全度下降与未完成《能源战略》在提高天然气价格方面的指标有密切关系。我们知道，能源安全的一个重要指标是，国内单位能耗中主要能源所占的比重是多少。《能源战略》提出的任务是通过降低天然气的比重（2000年占到50%），提高煤的比重（2000年仅占16.7%），使能源结构多样化。但2004年燃料和能源消耗中天然气的比重上升到52.9%，而煤的比重下降到14.6%。燃料能源综合体的其他方面也都存在问题。比如，电能改革、允许独立的能源生产商参与管道系统、向煤炭业重组拨款等一系列的措施都延迟了。法律规范基础的建立也比制定《能源战略》时的预计要慢。

同时，就像以上提到的，石油开采和石油出口的增长速度比《能源战略》预测的要快。

因此，尽管外部环境极为有利，俄罗斯有可能还是不能完成《能源战略》中提出的一系列原则性的目标，这实在令人担忧。这也包括俄罗斯政府的一些做法。《能源战略》中提出的目标经常与现实的结果不相符，因为各社会力量都想使这一结果对自己有利。

希望这种趋势不要成为一种规律，也希望2003年的《能源战略》不要重蹈1995年和2000年《能源战略》的覆辙。

俄罗斯石油和全球化：发展模式的选择

全球化反映了21世纪之初技术进一步发展（生产力）和社会体制（生产关系）的发展，影响到社会生活的方方面面。从消除国际贸易壁垒到全球经济一体化的进一步发展，全球化为形成共同的（全球一体的）经济信息空间和全新的国际分工体系开辟了道路。

由此，每个国家都面临着一个严峻的问题，即如何在这个新体系中寻找自己的位置，选择发展一些专业领域，使之与他国相比较占据绝对优势。

这一问题对于俄罗斯和其他原苏联各经济增长落后的国家尤其严峻。[①] 由于某些原因，原苏联不仅游离于世界市场关系体系之外，而且也没有参与这一体系各项“游戏规则”的制定。所以，整个体系的形成和发展过程中都未考虑原苏联各国的利益，其中也包括新兴的俄罗斯。

“游戏规则”不完善和双重标准、国际分工和市场关系体系以及发达国家利益优先体系的特殊性都影响着这些客观上严峻的寻找和选择问

① 统计表明，如今俄罗斯落后于发达国家（英国、美国、澳大利亚等国）40~60年。详见参考文献［1］第39—40页。

题，影响着“在别人的地盘上按照别人制定的规则游戏”。这涉及国际贸易的条件、原料和成品的价格形成、国际金融机构的运作规则以及国家和民族相互关系的其他方面。正如美国著名经济学家、诺贝尔奖获得者约瑟夫·尤金·史蒂格利茨指出的那样，“西方国家使贫穷国家消除了贸易壁垒，同时却保留了自己的贸易壁垒……西方推动全球化发展，从而依靠发展中国家获取大部分的利益份额……如果来看一下最近一个（第八个）1995年的贸易协定后的‘贸易条件’——发达国家和较发达国家产品的价格——就可发现其净价来自众多贫穷国家产品价格的降低，因为这些国家不得不为进口买单。结果就导致这些贫穷国家的情况更加糟糕。”[2]

史蒂格利茨的这些论断完全符合俄罗斯的情况。进入国际分工和市场关系体系的俄罗斯应该了解、考虑到这些特点，特别是在面临的任务不仅仅是在未来世界经济中找到自己的最佳位置，而且要减小与经济发达国家的差距的今天。另外，转型时期经济研究所所长盖达尔指出[1，第40页]，在大约150年内俄罗斯与德国和法国（拿这两个国家与俄罗斯作比较评价是最合适的，因为它们也与俄罗斯一样在过去的100年期间两次成为世界战争的战场，战争对这三个国家的发展都造成了不良影响）的人均国内生产总值差距一直都没有改变。盖达尔的论断是令人信服的，他在谈到缩短25年或一代人差距的现实可能性时，警告说，“但是不能排除另一点，即俄罗斯社会可能应付不了一个最重要的任务——制定最佳的后工业社会发展战略。俄罗斯精英层可能会进行危险的尝试。那么，俄罗斯与发达国家的差距则会更大。如果我们的社会在政治上有决心和智慧，能够从发达国家的错误中吸取教训，那么距离则会缩小。我们国家必须在全球经济发展中制定属于自己的民族策略，因为全球经济如何发展尚未确定，其未来走向尚不明晰。”[1，第44页]

目前俄罗斯在国际分工中的地位首先是由其原材料行业决定的——石油、天然气、冶金工业，特别是有色冶金业、林业等。其中，石油行业产品是俄罗斯出口的主要部分，其份额达30%~35%。而原油则是现代俄罗斯的主要出口产品。但是，在当今全球化的条件下俄罗斯的石油行业是否能够继续占据主导地位呢？在全球化条件下俄罗斯是否能够依靠石油出口就能消除上述与世界经济发达国家之间的差距呢？

我们只有对全球化过程中整个经济体系和石油行业发展前景作出全面分析后才能回答这些问题。

1. 全球化——俄罗斯可以期待什么

俄罗斯科学院比较政治研究所所长谢米金指出，世界进入全球化时代，但是这一过程是不均衡、充满矛盾的[2，第3页]。这些矛盾从俄罗斯向市场关系转型之初就开始影响着俄罗斯。前文提到的史蒂格利茨认为，对俄罗斯来说，向市场转型提供了更多机会："俄罗斯是个富饶的国家。虽然75年的共产主义使民众不知市场经济原则为何物，但是他们具有较高的教育水平，特别是技术教育方面，这对发展新经济是不可或缺的。最终，正是俄罗斯成为第一个把人送入太空的国家……缩减原苏联还存在的占据国内生产总值很大份额的军费开支……为提高生活水平提供了更大的可能性。但是，俄罗斯和很多东欧国家在向市场经济转型之后，其生活水平反而下降了。"[2，第174页]史蒂格利茨指出这一过程的原因之一便是全球化，更准确地说，是全球化的实现方式，其中包括美国、世界银行和国际货币基金组织因要求快速私有化而对俄罗斯政府施加的压力。迫于压力俄罗斯不仅以很低的价格出让了国家资产，而且一直这样出让到形成有效的税收制度为止。[2，第177~178页]

其中，国际货币基金组织是全球化的主要力量，正是它推动俄罗斯开立资本账户来保证资本的自由流通，从而吸引外国投资者，但是实际上这只是条单行线，这条线上只有俄罗斯的资金往外跑[2，第178页]。史蒂格利茨在叙述华盛顿协商方法时还举了很多类似有关俄罗斯和其他向市场转型国家的例子。

同时也需要指出，一直想取得绝对主导地位的美国向国际社会提出的是自己定义的全球化，完全不同于全球化理想主义者最初的想法。美国置世界各国历史形成的多样性、传统、民族特点及完全不同的非西方文明于不顾，而是把自己的“游戏规则”和模式强加给全球化的世界。上文提及的谢米金强调说，美国的金融经济全球主义已经开始转向直接诉诸军事力量的军事全球主义。这种转型的例子便是众所周知的南斯拉夫和伊拉克战事[2，第3页]。

通过分析全面展开的全球化的主要趋势及其实现方法，史蒂格利茨得出以下对我们有重要意义的结论[2，第29、31、35~37、39页]：

• 全球化发展的形式越来越不能表达全球经济利益和保持全球经济的稳定，而是表达世界上主要经济发达国家的金融利益、“七国集团”国家的金融共同体的全球利益；

• 管理全球化的国际机构（国际货币基金组织、世界银行和世界贸易组织）制定的规则和措施似乎是合法化的或者说是具有强制性，说得好听点，是有争议的，例如，资本市场的自由化、实行缩减财政赤字的政策、增加税收或利息率，所有这些都导致经济萎缩；

• 国际机构管理下的全球化限制了其他有别于“美国模式”的发展战略模式出现的可能性；

• 全球化本身无所谓好或者不好。对于根据本国条件并按照自己的速度发展的东亚国家来说，全球化潜力巨大，并给这些国家带来了巨大利益。

因此，套用众所周知的一句话①，我们得出如下主要结论：全球化是一个国家在国际社会中占有一席之地的强大武器，同时，这一武器和任何其他武器一样，还需要学会如何使用。

2. 能源市场和资源的全球化

世界能源市场的全球化是其进化发展过程中的必经阶段。如我们所示[5]，能源资源市场从一开始的单一产品和局部产品已经发展为地区性和全球性的（世界）个别能源市场（例如，世界石油市场）和地区性能源商品市场或者能源市场（例如，欧洲电力和天然气市场）。

发展能源市场的最终目的是构建具有统一"游戏"规则的全球能源空间。谁制定这些规则，谁就能轻松地参与游戏。所以，在这一全球能源空间尚未成形之前，各国为夺取自己未来的有利位置的行动已经开始了[6]。

目前，世界能源市场上（主要是石油资源）占据主导地位的是一系列生产国——液体燃料出口国和需求国——进口国。

美国和俄罗斯把世界石油"地盘"一分为二。美国是世界上最大的石油需求国（29%），这种状况会持续到2030年（每年12亿吨或者21%）。与此同时，美国所需的石油一半多都需要进口（到2030年进口份额会增至60%~65%）[7]。

俄罗斯再次成为世界上最大的石油出产国，而且其产量的3/4（包括石油产品）都出口。根据俄罗斯政府批准的能源战略，到2020年俄罗

① 《能源因素是强大的武器，但是与其他武器一样，必须学会利用》——A.M.马斯捷潘诺夫第一次提出[3，第300页]，在[4]中得到引申和发展。

斯的石油产量增至4500亿~5200亿吨/年，而出口量为2800亿~3550亿吨/年[8]。

美国领导层密切注视着能源状况，审时度势并相时而动。每一个总统（从20世纪70年代开始）都会制定今后15~20年的能源战略（或理论）。能源安全是国家的主要任务之一。美国对其国家及其国外公司的行动和发展方向作出明确调整（通过国会）。

美国领导层深知其国家经济在石油方面特别是石油进口方面是一个薄弱环节，所以采取预防措施来保障国家能源安全，其中也包括伊拉克战争。

俄罗斯的长期能源政策形成于20世纪90年代初。早在1992年俄罗斯政府通过了关于在新的经济条件下能源政策构想的主要原则。1995年俄罗斯总统令通过了《2010年前俄罗斯联邦能源政策的主要方面》，而俄罗斯政府决议通过了2010年前《能源战略》的主要原则。2000年俄罗斯联邦政府通过了2020年前俄罗斯《能源战略》的主要原则，而2003年8月通过了该《战略》[8，9]。

但是，如我们在[5]中所示，《能源战略》没有成为确定国家燃料能源综合体发展前景的文件，也没有成为可以用来检验国家能源领域各国家主体和经济主体实际行为的标准。国家权力部门通过的决议和法令常常与《能源战略》的各项论断相背离（甚至现在亦如此）。

对于石油来说最重要的因素是世界石油价格。作为世界上最大的石油需求国，美国只对便宜的石油感兴趣。便宜的石油是美国经济发展的动力，是美国人民福祉的基础。作为最大的石油需求国，美国总是左右石油价格。相反，俄罗斯作为石油输出国，当然希望石油价格走高，但是俄罗斯从未对石油价格产生过什么重大影响[6]。

不管怎样，客观来讲，俄罗斯和美国至少都对预测石油价格感兴趣。因此，不管是在“八国集团”内还是在“俄罗斯—美国”能源对话框架内都需要找到、制定解决这一问题的协同一致的方法，然后确定为建立和维持“公正”的石油价格通道所必需的条件，最后的价格应该既能够为需求国所接受，同时又能够使石油生产国获利。

分析表明，最近十年世界石油价格变化所用时间缩短了，而价格变化幅度却变大了。这就意味着，在过去的十年中世界石油市场上出现了新的不稳定因素，其影响力渐渐变大。这些新出现的因素中包括俄罗斯、哈萨克斯坦和其他为加入石油输出国组织的一些石油输出国的不可控制的石油出口增长。但是，石油价格的变动对俄罗斯的影响尤其大，因为其经济严重依赖石油出口。出路只有一个——与石油输出国组织及其他石油生产国一道积极参与世界石油市场的调控。

如我们之前在[5]中所写，由于一些客观原因，目前俄罗斯还不能找到一个简单有效的方法来管理对世界市场的石油供应。但是俄罗斯还是应该参与世界石油市场的调控，因为俄罗斯是世界上主要的石油供应国之一，而且其经济严重依赖国际石油价格。

美国为保障能源安全所采取的战略行动中也包括环里海行动。据预测该地区21世纪的石油能源储量为700亿吨，20世纪90年代初就被正式宣布为美国的战略利益区域。为此，美国已采取很多措施来控制里海地区的油气资源，其中包括指责该地区一些国家的领导人贪污受贿不民主，支持相应的管道铺设项目。

但是，美国的政策是否会吓到或者激怒俄罗斯呢？是的，里海是我们俄罗斯和美国利益的冲突之地，而且不仅是在石油方面。而且人家美国确实是“完全”胜过我们的。但是，如我们多次强调的[5，6]，要生气就生我们自己的气，而不能算到美国头上。我们是有机会的，而且以前也有。我们有过而且现在也还有采取行动的时间，但是，时间是有限的。

同时需要指出，伊拉克战争后，里海的意义突然就加强了好几倍。而且，在新的条件下，里海可能会借助于合作而成为一个和平区域，也可能成为国际紧张局势甚至战争的发源地。所以，我们应该制定针对该地区的主要纲领：除了向阿塞拜疆、土库曼斯坦、哈萨克斯坦、乌兹别克斯坦投资，别无出路，这些国家至少30%的石油资源应由我国公司管理或控制。这样做不仅是可能的，而且是现实的，这样做既符合俄罗斯的利益，又符合这些国家本身的利益。如果我们错失良机，有其他国家的资本流入，不管来自美国的还是欧洲的，那么，那时候俄罗斯公司再想参与其中，就要付出昂贵的代价了。

最近一段时间，俄罗斯政府部门和石油企业部门似乎都开始对这一立场表示认同了。

关于世界能源市场的全球化还想说一点。这一点便是俄罗斯石油政策的欧洲倾向。欧洲一直不仅是俄罗斯液体燃料而且是天然气的主要出口市场。尽管我们采取一切措施来实行多种经营，但是最近几十年这个市场还是依然如故。但是，时间并不是停滞不前的。全球化和一体化的进程需要采取更积极的行动、需要变更政策，对于传统贸易形式亦是如此。

所以，对于俄罗斯石油和天然气公司来说，主要的任务是直接进入欧洲各国国内市场，而不能借助任何中介，直接向终端需求方提供制成品。同时，还要拥有石油加工工厂和销售公司，促进并参与发展连接俄罗斯的油气管网建设。这样就能为保障我们的销售、收入，使其尽可能降低对国际经济整体形势的依赖，同时这也就能保证外汇汇率的稳定和财政的满足。这样即便是几年后，不管是石油输出国组织发生什么事，或者是美国经济状况如何，我们都不需要那么紧张了。

要完成这一任务，我们的国家首当其冲。其中包括协调俄罗斯联邦和欧洲联盟的法律法规基础、统一税收政策和关税政策以及支持俄罗斯公司在其他国家获得产权。

因此，不管是伊拉克局势，还是环里海地区以及欧洲政策，首先都需要国家和企业的力量的协调，需要更积极的能源外交，但是，从总体上讲，这也离不开有科学根据的始终一致的国家能源政策。

在这方面我们是需要向美国学习的。

3. 未来世界能源需求体系中的石油

关于能源在社会发展中的作用的书籍和文章已一大堆，而且，现在大概每个人都会认同这一观点，即20世纪和21世纪之交的能源装备和能源效益已成为判断一个国家实力的主要标准之一。几年前我就这样写过：并不排除这样一种可能性，即10~15年后可能会出现一种全新的能源，但是“能源装备”的衡量标准绝对不会降低[4]。而且，在当今社会没有能源需求的增加就不会有长期的经济发展，也不会有社会本身的发展[11]，另外，随着社会的发展，社会对能源、能源来源的依赖程度也会加深。每一种新兴的技术形式（类型）不仅在利用能源结构和能源的种类上要求质的变化，而且要求人均能源需求量的增加。

例如，30年内（1971~2000年）世界能源需求量，包括木材、农业废料和其他非商业性生物，增加了80%——从55.92亿吨增至100.89亿吨石油等价标准燃料[7]。同时，石油需求量增加了47%，煤的需求量增加了62.5%，天然气需求量增加了1.3倍，而原子能发电站的能源需求量增加了22.2倍。

最近几十年预计对原生能源的需求量也会快速增加。虽然最近

7~10年对这一增长作出的预测还有很大的分散性（2030年——1630万吨至2000万吨石油等价燃料），但是所有这些预测只能说明一个总的趋势：增长、增长还是增长[7、13~16]。

这一时期由于年平均经济发展速度、科技进步和保护地球居住环境的“可持续发展”规划所取得的成就，世界能源需求量相应地从每年1.6%增加至2.5%。另外，正是经济增长成为能源需求量增加的主要动力。最权威的国际能源组织之一——国际能源机构的研究表明，最近几十年能源需求量的增加直接与世界国内生产总值成正比。所以，在1971年到2002年期间，根据平均购买力计算的世界国内生产总值每增加1个百分点对应原生能源的需求量增加0.6个百分点[13]。

这一研究再次证明很多专家的以下观点：在当今发达国家和发展中国家经济发展差距（能源消费差距）越来越大的条件下，提高燃料和能源的利用率只能降低、限制能源需求量的增加，而不能对其起到补充的作用[17]。以下数字可以用来解释这一问题[18]：

- 美国、欧盟国家和经济合作与发展组织的发达成员国共有11.22亿人口，其人均能源消费量为4.74吨；
- 中国有12.69亿[①]人口，其人均能源消费量仅为0.92吨；
- 其他亚洲发展中国家（不包括近东和中东国家）还有19.08亿人口，人均能源消费量为0.59吨；
- 拉丁美洲和非洲的人口分别为4.16亿和7.95亿，拉丁美洲人均能源消费量为1.1吨，而非洲人均能源消费量为0.64吨。

通过以上列举世界能源消费量的预测至少可以看到以下两个问题：

- 上述燃料和能源消费的增加能在多大程度上依靠自然资源来

① 2005年初中国人口已达13亿。

保证?

- 石油在预测的能源需求增长中起到什么作用?

我们来试着回答这两个问题。

第一点。上述燃料和能源消费量的增加能在多大程度上依靠自然资源来保证?最近十年的多项研究一致表明:在可预见的将来人类不会面临能源饥荒[13,15,19~21]。世界能源的发展依靠坚实的原料基础。

证明已发现的世界石油储量为1430亿~1730亿吨[13,22,23],这样如果保持世界石油开采量40亿吨/年的水平(2003年为37亿吨),这些石油储量只用36~43年就被开采完毕。目前未发现的(预测的和可能的)石油能源预计为2000亿~2300亿吨,还能够用50~57年。另外,还有所谓"非传统性"石油资源,即含沥青岩层和含油砂岩中的石油。目前这种石油已开采出900亿吨用于工业生产,而据现有的预测数据表明,其总储量可能达2600亿~9500亿吨①[13,19,24]。

据法国国际天然气信息中心(CEDIGAS)的最新预测,已探明的世界天然气储量为180万亿立方米,如果保持每年开采3万亿方的平稳速度(2003年为2.6万亿立方米),那么这些天然气60年就开采完毕。原生天然气总量预计为436万亿~500万亿立方米②,其中约55万亿立方米已开采,如前所述,180万亿立方米为已探明储量。这样,未发现的(预测的和可能的)天然气储量约为200万亿~265万亿立方米,还能够用67~88年[7,19,25]。

世界上已探明的可利用煤储量约为9000亿~10000亿吨,其中约

① 开采这种石油的费用要比开采普通石油贵得多,而这种开采给环境带来的危害要大得多。

② 436万亿立方米——是美国地质管理局1996年作出的预测,当时已探明的天然气储量为136万亿立方米,500万亿立方米——是法国国际天然气信息中心(CEDIGAS)2001年作出的预测数据。

有7500亿吨为石炭。如果保持每年50亿吨的平稳开采速度（2002年为48亿吨），那么已探明的煤可以为人类利用180~200年[13，14，19]。官方数据表明，世界煤炭地质储量预计为148100亿吨，其中1600亿吨已开采，如上所述，9000亿~10000亿吨为探明的可利用储量[26]。所以，煤炭领域也存在用来增加可利用燃料能源的潜力。

除了开采型燃料，人类还拥有大量再生能源，从技术和经济角度分析预计约为800亿~850亿吨，另外，还有大量已探明的铀，如果按照当前的消耗速度，铀可用45年[19]。另外人类很快也会开始利用和掌握热核能源、氢能源和其他能源及其获取方法。

因此，在可预见的将来世界能源发展的主要问题将不会是上述能源短缺问题，而是如何做到一方面通过必要的投资保证燃料和能源生产的所需规模，另一方面又能够保证能源价格既能为需求国所接受，同时又会吸引能源生产国。

在接下来的研究中需要特别注意第二个问题——贯穿于勘探、生产、运输、加工和燃料能源需求各个阶段的科技进步和新工艺。科学研究和主要能源公司的运作实践有力证明：科技进步是决定整个世界能源状况和未来发展的主要因素之一①。

第二点。至于石油在世界经济和能源中的作用，在社会发展的现阶段对石油进行评价不是那么简单的事。石油是生产各种合成材料的首选原材料。虽然利用现有技术可以把其他各种原料——煤炭、天然气和生物燃料加工成有机合成产品，但是目前其加工成本（天然气加工工艺除外）要比加工石油高得多[4]。石油（准确而言是石油加工产品）是交通工具的主要燃料和有效的锅炉燃料。目前世界全部电能的8%靠石油

① 以石油工业为例这一问题在以下著作中有详细论述，如[4，5，7，13，28~31]。

产品生产，这一点就可以说明问题。

虽然对石油的需求量增长速度不如对天然气或者全部能源的需求量增长速度快[4，7，13]，但是最近20~30年石油仍在世界能源需求结构中占据主导地位（见下表）。

世界原生能源需求变化和结构

	1971年百万吨	1971年占总量的百分比%	2000年百万吨	2000年占总量的百分比%	2030年百万吨	2030年占总量的百分比%
总量	5592	100.0	10089	100.0	16302	100.0
其中包括:						
石油	2448	43.8	3604	35.7	5769	35.5
煤炭	1450	25.9	2355	23.3	3606	22.1
天然气	895	16.0	2085	20.7	4203	25.8
原子能	29	0.5	674	6.7	703	4.3
水能	104	1.9	228	2.3	366	2.2
再生能源	73	1.3	233	2.3	618	3.8
生物燃料和废料	592	10.6	910	9.0	1035	6.3

此表数据来源于[7]

国外和俄罗斯各专家的研究一致表明：随着石油需求量的不断增加，石油在世界能源需求体系中的意义将会一路走低。石油作为燃料的需求高峰已成为历史。19世纪是煤炭世纪，20世纪是石油世纪，21世纪（准确而言是21世纪上半期）是各种能源（石油、天然气、煤炭、包括生物燃料在内的再生能源、其他各种能量来源）百花齐放的世纪。

另外，21世纪有越来越多的能源与石油进行角逐和抗衡，如前所述，目前石油作为锅炉燃料的作用已越来越小，而且尽管石油还是主要的动力燃料，而这些能源不仅成为锅炉燃料，还成为动力燃料。最近几年天然气会杀进动力燃料市场——有的直接作燃料用（例如，俄罗斯“动力机械天然气”项目），有的是合成动力燃料和甲烷燃料[详见32~36]。因此，面临的任务是确定石油在世界能源市场的哪些领域仍是最有效的能源。

4. 世界经济和政治中的俄罗斯石油

俄罗斯的碳氢化合物原料资源——石油、凝析气和天然气——的储量居世界前列。其中，俄罗斯的预测石油储量为440亿吨[37]，占世界总量的20%。

俄罗斯已探明的石油储量也居世界石油开采国家前列，占世界总量的12%~13%[8]。顺便指出，许多国外专家很长时间不认同12%~13%这一数字。国外一些权威出版物一直列举一些数字来说明俄罗斯已探明石油储量要少一半[38]。西方最具代表性的一个数字是67亿吨或占世界总量的4.7%，这一数字来源于BP公司的《2000年6月世界能源统计》简评[39]。之所以得出这样的结论，首先是因为俄罗斯没有公开关于石油储量的官方数据，而且俄罗斯（原苏联）和西方的储藏量分类方式有别。俄罗斯是根据地段的地质特点对储藏量进行分类，这样能够反映该地段的探明程度。而西方是从现有经济和利用条件角度出发根据矿层的可利用程度进行分类。

2000年美国地质管理局才对俄罗斯的石油储量数据进行了修改。修改后，俄罗斯的石油储量一下子就“增”至1370亿桶（186亿吨），这样俄罗斯已探明石油储量就自动占据世界第二位（仅次于沙特阿拉伯）[5]①。另外，BP公司的《2004年世界能源统计》简评中预测俄罗斯已探明的石油储量为95亿吨[21]。根据这一数据，考虑到世界石油总储量的增长，俄罗斯的份额共占6.1%。

目前，俄罗斯的石油开采速度非常快，已经大大超过了几年前的预测速度，这对于很多人来说，特别是对其他国家来说，是一个实实在在的惊喜。早在2002年俄罗斯的石油开采量已达到苏联解体后俄罗斯石油开采量的最高值——3796亿吨，这比2001年高出9%，比1996年高出26%，当时俄罗斯石油开采量是近30年的最低水平。另外，就是在2002年俄罗斯的石油开采量跃居世界第二，仅次于沙特阿拉伯。2003年俄罗斯的采油量，包括凝析气在内，增加了11%，共计为4214亿吨②。

俄罗斯联邦国家统计局的数据表明，2004年的采油量再次达到苏联解体后俄罗斯石油开采量的最高值——4587亿吨，比2003年增加了8.9%。

同时，如前所述，俄罗斯开采的石油（包括石油产品）有3/4都用于出口[41]。

根据俄罗斯联邦政府通过的《能源战略》，到2020年，俄罗斯石油开采量将达到4.5亿~5.2亿吨/年，而石油出口量为2.8亿~3.55亿吨/年[9，40]。

根据上述世界能源需求预测对这些数据进行分析后，可以得出以下结论：

- 俄罗斯石油在当今世界能源需求体系中的比重为3.6%~4.0%，

① 美国当局的这一做法目的何在？为了客观反映现实？还是通过透露信息为了向石油输出国组织施加压力，降低其向发达国家供应石油的作用？这些问题还有待于研究。

② 对引起这种增量和问题的详细分析见[5]。

在世界液体燃料需求总量中的比重为10%，在国际石油贸易中的比重为13%。俄罗斯石油在欧洲所占份额尤其大，约为液体燃料总进口量的1/3。而且，俄罗斯同欧洲不仅有共同的历史和长期的合作伙伴关系，而且有输送量大的输油管道。对很多欧洲国家的有效能源保障来说，俄罗斯的石油和石油产品供应意义非凡；

• 到2020年俄罗斯石油在世界能源需求体系中的比重实际上仍保持现有水平（3.6%~3.7%），在世界液体燃料中的比重增至10.3%~10.4%，而在国际石油贸易中的比重降至11.5%~12.3%。俄罗斯仍是对欧洲的主要石油输出国之一，并且开始向亚太地区和美国大批量供应石油；

• 在全球化背景下，提高俄罗斯油气贸易竞争力的最主要因素包括对俄罗斯经济油气领域进行结构改革，以适应建立多种经营、上下游、一体化油气公司的要求。这一问题包括下面三个主要内容：a)在国内建立上下游一体化的油气公司；b)形成现代化、竞争力强、高效运作、生产环节明晰的公司体系[①]；c)实现油气、油气化工产品的开采和加工一体化。

深度加工首先能够保证油气公司稳定性，使其能够产生更强的财政效益，同时能够在全球化市场的各个环节自由运作。

5. 石油既是发展的火车头又是发展的刹车

我们把这一问题称之为《俄罗斯的石油和全球化：发展模式的选择》，但是，这一问题也涉及其他层面。

---

① 尤科斯、西伯利亚石油公司和其他公司的经验证明，仅仅是这一个因素就能够使公司开采石油的费用减少几十个百分点。

首先，对于俄罗斯来说，石油是什么？似乎对这一问题的回答已多次论述，其中也包括我们的论著。石油工业是俄罗斯经济中一个重要的战略性环节。石油工业向国家所有经济部门和民众提供种类齐全的动力燃料和其他燃料、润滑油材料、石化燃料、锅炉燃料及其他重要的石油产品[5]。

石油工业，包括石油和石油产品的管线运输在内，占俄罗斯全部工业产值的12%~14%，其收入占联邦预算收入的16%（2000年达17.6%），是全国总预算收入的13%~15%（2000年达16.3%），而且是国家外汇收入的30%（2000年达35%）。石油行业在整个国家的能源安全和国家安全体系中的地位便是如此。

但是，最近几年增加的采油量和石油行业效率的提高主要出现在正在开采的和以前发现的油田中，而且依靠的都是已建成的基础设施①。另外，这一增长主要依靠的不是国内因素，而是国外因素，首先就得益于高涨的国际油价和有利的国际市场环境。同时，即便是抬高的油价本身依靠的不是长期的结构因素，而是由于美国的政策和战事导致的投机因素。

因此，完全可以确定的是俄罗斯采油量的快速增加是建立在十分脆弱的基础上的。

根据对这一过程的理解以及对俄罗斯石油综合体的现状和发展趋势的详细分析后，可以得出如下结论：

结论一：俄罗斯的现代经济和石油行业发展中的价格因素的作用及意义依赖于国际石油市场情况，这一点是无可置疑的，同时也应该承认，价格因素只是众多因素的一个，无论如何都不能夸大其意义。

① 顺便指出，正是因为如此，对于石油开采量的增长来说，所需投资是很低的详见[5]。

结论二：的确，外部市场有利的价格行情和国内经济发展的积极因素造成一种错觉：俄罗斯石油体系的主要问题似乎都已解决，可以期待其持续发展了。

结论三：俄罗斯石油行业主要依靠国外市场。2002~2004年的统计数据表明，俄罗斯开采的石油，包括石油产品，有73%~75%都进入了国外市场。必须指出，1995年这一数据还是49%，1990年亦是如此，唯一不同的是1990年从俄罗斯出口的2.66亿吨石油中有1.54亿吨进入原苏联各加盟共和国，不在出口之列。因此，在20世纪90年代下半期（准确而言是1997~1998年期间）石油行业发生了质的转变：开采石油的2/3（后来更多）都用于出口。同时需要强调，根据俄罗斯的能源战略，这种情况实际上要一直持续到2020年。

结论四：俄罗斯的石油综合体面临重大的转变。其中，我们在[5]中所作分析表明，在最近一段时间内，俄罗斯的石油综合体未来发展前景主要取决于以下主要问题的解决，包括：石油行业的资源利用和资源基地的发展；体系结构和取消垄断；投资和新上项目。整个俄罗斯石油综合体的未来主要依靠的就是这些问题的解决（而不是依靠或促进或阻碍石油行业发展的国际石油价格）。

第二，什么样的国际石油价格对俄罗斯的经济发展更有利：高价还是低价？针对这一问题，笔者同意这样的观点：选择显而易见的前者，即高价，因为我们主要的外汇收入，或者说出口收入几乎都是出口石油的收入，这样一个答案含义深刻[43]。但是有一个主要缺点，即较高的石油价格会使经济结构僵化。高价会造成经济良好发展的错觉，会让人觉得经济结构根本不需要改变，我们只要采油，然后出口，其他东西都可以买。相反，低价也是一种改善经济结构的动力。1998年底到2000年的国际油价变化证明了这一点，当时国际石油价格的降低活跃了国内经济的发展。与此相反，当大量美元流入国内后，对发展的刺激作用反而变弱了[43]。

但是，与其说这是答案，不如说是一个提要，是一个较为专业的预测，而不是深入研究的最终结果，其中包括对国民经济模式的研究。类似的研究还需要继续展开，坦白而言，虽然我们还没有发现有人对这样的研究非常感兴趣，急不可耐地找到问题的答案。目前的状况似乎还能让大部分政界和企业界精英感到满意……

同时，我们坚决认为，需要尽快找到问题的答案，而且要找到一个意义明确、含义完整、有理有据、令人信服的答案，不仅包括这一现象的“优点”，也包括其“缺点”，不仅面向权力部门，也面向社会大众，因为正是社会大众会最终推动（促使、迫使）权力部门对国家的经济方针做出相应改变。

第三，石油对于俄罗斯来说是实现现代化、高效率、多样化经济的工具或者还是发达国家继续奴役俄罗斯、使其成为“原料附庸大国”的武器？关于这个问题，笔者无法做出明确的回答。

当然，我们希望通过石油行业，至少可以依靠燃料能源综合体，俄罗斯能够顺利度过由于突然的市场经济体制过渡引发的经济危机，燃料能源综合体带来的资金能够改变国家的经济结构并保证经济的稳定持续发展。而且，在笔者同意领导下的学者和专家集体已经把这些目标列入俄罗斯《能源战略》（主要原则），该《能源战略》已于1995年10月13日获得俄罗斯联邦政府No.1006决议通过[8]。但是，如前所述，虽然在制定关于管理和改革燃料能源综合体的任务和决定时，该《战略》已确定了主要原则，但是，在1996~2000年的现实条件下，该《战略》并没有成为国家机构和能源领域各经济主体校正实际行为的依据。

另外，国家也没有制定过明确、长期的经济政策，而且到现在仍然没有制定。所以，虽然这一《能源战略》（包括1995年、2000年和2003年版）包含某些一般经济政策，但是也主要是用来解决能源生产问题。甚至关于燃料和能源利用的问题也只是提及而已，并没有解决[①]。

笔者认为，目前俄罗斯的燃料能源综合体及其石油行业既没有潜力来左右机器、设备和材料的有支付能力的需求变化，也没有能力左右包括地租资金在内的资金流入，以便对加工工业和技术密集型产业发展进行重新定位。

第四，石油出口是否能够从根本上保证经济的长期稳定发展。我们无须急于回答这个问题，虽然我们都在议论关于沙特阿拉伯或者阿联酋的财富及其居民生活水平的神话。

我们来分析一下30年——1971~2000年期间这样一个较长时期内的主要石油及石油产品出口国和一系列石油及其他能源进口发展中国家的主要经济和能源数据[②]。

同时，我们也对一些传统的石油、石油产品、天然气进口国家和地区作了分析，而且这些国家和地区对进口有很强的依赖性，例如，2001年新加坡和中国香港的能源全部依靠进口。中国台湾、以色列和韩国对进口的依赖程度从97%到87%不等，而土耳其66%，菲律宾51%。虽然泰国和巴西能源进口的依赖程度较低（分别为45%和24%），但是却也一直依赖进口，所以我们把这两个国家也归入这类国家和地区。上述国家和地区，除了巴西，都没有石油开采。

---

① 很自然，这也不可能是别的什么。否则这就不是《能源战略》，而是国家从未制定过至今也未制定的国家长期经济战略了。

② 我们特意只对发展中石油进口国家以及刚刚走出世界最贫穷国家之列的国家进行了分析。但是，实际上所有经济发达国家也都大量进口石油、天然气和其他能源，而且其能源进口分别为：美国26.5%，法国和德国介于52%~60%之间，日本达81%。

所以，第一，大家能注意到，总体来说，所有石油出口国家的人均国内生产总值只是一个中等水平，（甚至根据平均购买力平价计算——按照购买力的平均值计算的人均国内生产总值）。的确如此，甚至是在像沙特阿拉伯、科威特和阿联酋这样的国家，2000年的人均国内生产总值也只不过分别是10460美元、14830美元和18240美元，而1995年的数值不仅大大低于全部工业发达国家（经济合作与发展组织成员国）21940美元的人均水平，甚至低于刚刚起步的一些国家和地区，例如，以色列、中国台湾、新加坡和中国香港。唯一一个例外是卡塔尔，该国59万人，共采油……百万吨，石油和液化气的净出口量超过4470万吨。2000年卡塔尔按照购买力平价计算的人均国内生产总值为26050美元，这一数值完全可以与丹麦、加拿大和瑞典等国家相提并论。

至于伊朗、委内瑞拉、利比亚和阿尔及利亚等传统石油出口国，按其购买力平价计算的人均国内生产总值为5560~4980美元，低于世界总体水平（6930美元）或低于泰国、土耳其和巴西的水平。甚至即将加入经济合作与发展组织的墨西哥，尽管拥有多元化的产业、经济发达，按其平均购买力平价计算的人均国内生产总值水平远远低于像以色列、中国台湾、新加坡和中国香港这样的国家和地区。

另外，甚至挪威这样一个生活水平非常高的国家，也是世界上主要石油和天然气出口国家之一（2000年450万人口，1.46亿吨石油和505亿方天然气），按其平均购买力计算的人均国内生产总值也低于除了泥炭几乎没有国家资源的国家——爱尔兰或液体燃料完全需要进口的冰岛，挪威的人均国内生产总值为26300美元，而后两个国家分别为27650美元和26860美元。

伊拉克和尼日利亚的这一数值在2000年为世界最低，分别为1380

美元和810美元。

第二，石油出口不仅没有保证大多数主要石油出口国家的按照购买力平价计算的人均国内生产总值水平达到发达国家或“亚洲四小龙”的水平，也没有保持其30年前的水平。的确如此，沙特阿拉伯的这一数值降低了13.4%，尼日利亚降低了15%，委内瑞拉降低了22.5%，阿联酋降低了31%，利比亚降低了5/7，伊拉克降低了81%。我们看到，这一现象既出现在最富有的国家（阿联酋、沙特阿拉伯），也出现在最贫穷的国家（伊拉克、尼日利亚）。伊朗按照购买力平价计算的人均国内生产总值其实也没有增长（30年只增长了7%）。只有阿尔及利亚和墨西哥的这一数值增长了50%。这些国家在30年间向世界市场供应石油达330亿吨之多！每年超过10亿吨！

第三，在此期间，一些以前落后、没有自己的石油资源的国家和地区的经济增长速度要比世界主要石油出口国家快几十倍。例如，以色列、泰国和中国香港，按其购买力平价计算的人均国内生产总值提高了2.6~2.8倍，韩国和新加坡3.6~3.7倍，中国台湾4.9倍。在这30年间，即便是菲律宾、巴西、土耳其的人均国内生产总值也和阿尔及利亚或墨西哥的水平相当。

因此，经济发展的历史十分肯定地证明，石油出口并不能从根本上保证长期持续的经济增长。石油的确是经济发展的强劲动力，但是只是限于需要石油时，而不是把石油拿来出口和出售。俄罗斯2000年的人均国内生产总值为7630美元（高于利比亚、委内瑞拉和伊朗，但是低于墨西哥和沙特阿拉伯），所以依靠提高石油产量来完成到2010国内生产总值翻番的任务，原则上来说是不可能的。

或许，我们也可以用这一结论来结束对全球化的经济后果和石油行业发展前景的研究，因为这样的结论能对前文提出的很多问题作出明确的回答。

再重复一次：石油工业不仅是世界经济中也是俄罗斯经济中一个重要的战略环节。经济增长在很大程度上正是得益于石油。但是这也只限于利用石油、工业发展需要石油的情况。俄罗斯是一个石油大国，但是，若想成为经济大国，只有把开采石油的主要部分都用于国内经济发展才可以，而且这些石油也不能只是用做燃料，还应该从中提取各种各样的产品。

由此，我们认为，本文的最后几个结论应该用来确定在全球化条件下俄罗斯石油工业发展的主要战略目的和主要方向：

• 俄罗斯石油行业的发展应该主要定位于国内市场；

• 石油行业发展的战略方向——在上下游一体化的油气公司的框架内建立强大的石油化工生产；

• 石油行业的出口部分应该与国内油气公司在国外市场的发展紧密相连，同时应该加强对第三世界国家石油资源的控制。

参考文献

[1] E.T.盖达尔:《世界上的俄罗斯：经济史概述》莫斯科，《事业报》，2005年2月14日。

[2] 约瑟夫·史蒂格利茨:《全球化：让人担忧的趋势》，Г.Г.皮罗果夫翻译注，莫斯科，“思想”出版社，2003年。

[3] A.M.马斯捷潘诺夫:《俄罗斯能源政策的地区和对外经济观点》莫斯科，全俄石油天然气工业组织、管理与经济研究所，1997年。

[4]《俄罗斯安全。法律、社会经济和科学技术的角度。能源安全（俄罗斯石油综合体）》莫斯科，“知识”国际人文基金会，2000年。

[5] Ю. К.沙弗拉尼克:《俄罗斯民族经济和地缘政治体系中的石油工业》莫斯科，2004年。

[6] А.М.马斯捷潘诺夫，Ю. К.沙弗拉尼克:《俄罗斯石油政治面临的迫切任务》,《世界能源政策》，第9期，2003年

[7]《世界能源展望·2002》，经济合作与发展组织/国际教育协会，2002年。

[8]《世纪之交的俄罗斯能源政策》(两卷本)，莫斯科，"纸莎草"出版社，2001年，第一卷:《俄罗斯能源战略的形成(历史起源)》，2001年。

[9]《2020年前的俄罗斯能源战略》,《能源政策》杂志增刊，莫斯科，能源战略研究所，2003年。

[10] Ю. К.沙弗拉尼克:《俄罗斯油气综合体：未来发展的决定性因素》，第三个油气周报告，莫斯科，2003年11月4-6日。

[11] Ю. К.沙弗拉尼克:《俄罗斯面临失去能源独立的威胁》,《经济报—政治经济学版》，第2期，1999年2月，第3页。

[12] Е.А.梅德维杰娃:《科技形式和能源需求》，伊尔库茨克，俄罗斯科学院西伯利亚分院西伯利亚动力研究所，1994年。

[13]《世界能源展望·2004》，经济合作和发展组织/国际教育协会，2004年。

[14] 绿皮书《面向欧洲的能源供应安全战略》欧共体，2001年。

[15] (美国)威斯汀豪斯电气公司(西屋电气):《2050年前的全球能源展望》，1995年。

[16] 别利亚耶夫。

[17] 笔者的著作。

[18]《国际教育协会的能源统计关键词》2002版，经济合作与发展

组织/国际教育协会，2002年。

[19]《核能白皮书》，莫斯科，动力工程科研设计所运输总局出版社，2001年。

[20]《能源概观》第17版，西屋电气，1996年。

[21]《BP集团公司2004年世界能源统计回顾》，BP集团公司，伦敦。

[22]《世界石油，争鸣》，海湾出版公司，休斯敦。

[23]《石油和天然气杂志，争鸣》，Penwell公司，俄克拉何马。

[24]《2000年世界石油估价》美国地质概观，华盛顿。

[25]《世界天然气》，法国石油研究所，2004年，吕埃—马迈松。

[26] Ю.Н.马利舍夫，В.Е.扎登瓦尔戈，В.М.济科夫，Г.Л.卡拉斯尼扬斯基，А.Г.萨拉马京，Ю.К.沙弗拉尼克，А.Б.亚诺夫斯基：《煤炭工业的再结构化（理论.经验.规划.预测）》莫斯科，俄罗斯煤炭公司，1996年。

[27] К.帕普特希克：《能源市场的前景/“八国集团”成员国能源部长会晤》莫斯科，1998年。

[28]《俄罗斯油气综合体系发展的主要原则》，《油气工业上下游一体化》杂志专刊第1（39）期，2000年1月。

[29]《石油工业。科技发展的主要任务》（Ю. К.沙弗拉尼克编），莫斯科，1996年。

[30]《21世纪能源技术》，国际教育委员会/经济合作和发展组织，巴黎，1997年。

[31] А.А.科诺普里亚尼克：《世界石油市场：低价时代的回归（对俄罗斯的影响）》，俄罗斯科学院新化学问题研究所，国民经济预测研究所出版社，2000年。

[32]《俄罗斯天然气工业发展战略》莫斯科，原子能出版社，1997年。

[33] 发动机用气。

[34]《世界石油和天然气市场每月分析简评》2004年（3月）第3期。

[35]《世界石油和天然气市场每月分析简评》2004年（7月）第7期。

[36]《亚洲第一届二甲醚国际会议报告》，东京，2004年12月3日。

[37] Ю. К.沙弗拉尼克，Ю.Н.马利舍夫，Г.И.科佐沃伊：《俄罗斯煤炭工业的改组：新的发展模式》，莫斯科，俄罗斯古布金国立油气大学“石油和天然气”出版社，2004年。

[38]《俄罗斯能源政策。2002年综述》国际能源机构，巴黎，2002年。

[39]《BP集团公司2004年世界能源统计回顾》，BP集团公司，伦敦。

[40]《俄罗斯能源发展战略（能源政策的科学论证）》莫斯科，俄罗斯能源部能源战略研究所，2003年。

[41]《俄罗斯燃料与能源》（燃料和能源综合体系专家手册）A.M.马斯捷潘诺夫主编，莫斯科，能源战略研究所，2004年。

[42] A.M.马斯捷潘诺夫：《世纪之交的俄罗斯燃料能源综合体系——现状、问题和发展前景》莫斯科，现代笔记本出版社，2001年。

[43] A.M.马斯捷潘诺夫：“从俄罗斯能源发展战略看俄罗斯油气行业发展前景”《煤炭科技》杂志2003年第3（28）期和2003年第4（29）期。

[44]《经济合作与发展组织国家的能源平衡表》，经济合作与发展

组织/国际教育协会，2001版。

[45]《非经济合作与发展组织国家的能源平衡表》，经济合作与发展组织/国际教育协会，2002版。

俄罗斯天然气工业股份公司与俄罗斯东部油气开采和运输发展前景

A.M. 马斯捷潘诺夫、B.П. 季莫希洛夫

最近俄联邦总统和政府非常关注俄罗斯东部地区的发展，在2006年12月举行的俄联邦安全委员会会议上，讨论了远东联邦区的发展问题，成立了远东、布里亚特共和国、伊尔库茨克州和赤塔州社会经济发展国家委员会，制定新版联邦专项纲要《1996~2005年及2010年前远东与后贝加尔经济和社会发展》，完成《考虑到可能向中国和其他亚太国家市场出口天然气，在远东和东西伯利亚建立统一天然气开采、运输和天然气供应系统》（以下简称“东部天然气规划”或“规划”）的起草工作，预计将于近期提交俄联邦政府研究审议。

需要强调，东部或者说亚太方向在我们国家长期能源政策优先发展中占据特殊的位置（参见《2020年前俄罗斯能源战略》）。这在很大程度上与即将在该地区实施大型油气项目有关，这些大型油气项目不仅对俄罗斯东部地区本身的发展，同时对一些亚太地区和南亚地区的国家经济发展具有极其重要的意义。

形象地说，东西伯利亚和远东地区油气资源开发可以称得上是近一百年来在我国东部地区实施的第五个特大型项目，与穿越西伯利亚铁路工程、贝—阿铁路干线工程、水利开发和北部海路开发工程并称。

根据东部天然气规划，天然气资源开发是第五个特大型项目最重要的组成部分。该规划是根据俄联邦政府2002年7月16日第975号决议研究制定的。根据2006年2月3日颁布的俄联邦总统令的授权，政府已于2006年底完成规划起草工作，并审议批准。俄罗斯天然气工业股份公司（以下简称“俄气”）完成了自己的工作，于2006年12月初将起草的规划草案提交俄工业能源部。2006年11月，远东和西伯利亚联邦区听取并批准通过该规划。

规划负责协调解决东部四个天然气中心的资源开发工作，这四个中心是萨哈林、萨哈（雅库特）共和国、克拉斯诺亚尔斯克州和伊尔库茨克州①。所有这些天然气开采中心在全面开发后将进入俄罗斯统一供气系统。到那时，统一供气系统将覆盖俄罗斯境内从波罗的海到太平洋的主要地区。众所周知，统一供气系统目前只到新西伯利亚——克麦罗沃地区。

规划落实后，将完全满足远东和东西伯利亚地区在当前和未来对天然气的需求，同时向亚太国家出口管道天然气和液化天然气。此外，在俄罗斯东部还将建立最大的天然气化工厂和氦气生产厂，不仅满足国内需求，而且用于出口，使俄罗斯成为世界天然气化工产品和氦气出口国的一员。

根据规划，2030年前东西伯利亚和远东地区对天然气（包括用于化工生产的天然气）的需求将达到400亿立方米/年，出口到亚太国家770亿立方米/年，其中管道气500亿立方米/年，液化天然气270亿立

① 有关建立四个天然气中心问题的历史参见经济科学杂志《油气综合体和经济管理问题》，2006年第9期，第4~20页。

方米/年。

从规模和重要意义的角度，规划将是俄罗斯东部史无前例的巨型项目。预计规划落实带来的宏观经济总效益将超过7700亿美元，远期将达到1.1万亿美元。核算期内整体预算收入将达到1000亿美元。

根据东部天然气规划，天然气运输系统中央干线为沿途临近运输系统的东西伯利亚和远东地区新的（额外的）油气资源进入经济流通提供了可能。在这个计划中，中央干线还扮演着与正在建设的东西伯利亚——太平洋原油管道系统（简称远东原油管道）相同的角色。此外，这两个管道系统还具有其他的共同特点。

按照东部天然气规划作者的想法，天然气管道系统在相当长的距离上，可以与原油管道系统并行铺设，首先是在远东联邦区主体境内的主要走向：雅库特—哈巴罗夫斯克—符拉迪沃斯托克。从斯科沃罗季诺地区还有可能修建一条到中国的支线（远东原油管道至大庆的支线），从符拉迪沃斯托克可能继续铺设并延伸到朝鲜半岛。在哈巴罗夫斯克，从萨哈林的天然气管道将进入天然气管道系统。

众所周知，远东原油管道建设项目还包括在科兹米诺湾建设石油出口终端设施和一座炼油厂，与远东原油管道类似，东部天然气运输系统也包括在远东沿岸地区新建天然气液化/压缩设施，之后通过海路运输。

因此，在落实规划的过程中，俄罗斯管道运输公司建设和运营远东原油管道的工作与俄气在东西伯利亚和远东建立天然气运输系统的计划为两公司开展互利合作创造了客观条件。其中包括，已成立了联合专家组研究两条管道系统并行铺设的问题。自然，根据不同的天然气出口方向方案，天然气管道与远东管道路线吻合部分也是不同的。

由于东西伯利亚和雅库特地区所有的油气田实际上都是凝析油气田，因此，石油公司和天然气公司面临着一个突出的问题，在碳氢化合物资源开发和运输方面需要协同工作。当俄联邦自然资源部为确保远东原油管道资源计划补发地下资源开发许可证时，这个问题显得格外迫切。因为这不仅会造成石油资源增加，也造成了天然气增加。

即将开始的原油工业开采不可避免地将优先和有效地利用石油伴生气的问题提上日程。对于负责向远东原油管道系统供油的石油公司，有效利用伴生气不仅是一个额外的问题，同时也为产品和销售市场多元化创造了其他的可能。在这种情况下，石油公司和天然气公司显然有必要共同合作，建立伴生气加工和天然气化工产品生产设施。

不允许东西伯利亚和雅库特地区的油田所产的伴生气进入俄罗斯地区市场，意味着国民经济将失去这一有价值的资源。如果考虑到东部油气田的天然气复杂的成分，其中含甲烷、乙烷、丙烷、高烃及氦气，这样做让人无法接受。

正是天然气具有如此复杂的成分，要求必须像上述提到的那样，在国家东部建立天然气加工和天然气化工设施，生产高附加值的广谱产品。

为顺利实施东部天然气规划，必须采取一系列国家支持措施，其中包括法律领域的措施。首先是尽快通过新版《地下资源法》、《长输管道运输法》、《氦气法》等，完善许可证政策，当然，俄联邦政府还要尽快通过这部东部天然气规划。

尽管东部天然气规划还没有通过，俄气实际上已经开始落实一些规划中规定的措施，其中首先包括以下几方面：

（1）制度上

为实施能源战略，俄气已经在俄罗斯东部设立了一系列子公司，其中最久的是“东方天然气工业公司”（托姆斯克州）。在克拉斯诺亚尔斯克区有两个子公司——“克拉斯诺亚尔斯克天然气工业公司”和“克拉斯诺亚尔斯克天然气开采公司”。前者主要业务是实施石油项目，后者主要负责天然气和凝析气项目的实施和发展。已在伊尔库茨克州设立和成功运行了“伊尔库茨克天然气工业股份公司”。

根据2006年12月21日俄气与“萨哈林能源股份公司”签署的《纪要》，俄气于2007年4月进入萨哈林—2项目，并持有控股权。

（2）天然气勘探开发领域

为了在新的地区有效开展业务，首先必须获得资源并建立属于自己的可靠的资源基地。2003年11月，俄气董事会通过了关于在俄罗斯东部全面发展和组织公司主营业务的决定。在过去的这段日子里已经取得了初步成果。在建立自己的资源基地方面，经过积极的工作，俄气在东西伯利亚已经拥有12个地下资源使用权许可证。其中10个在克拉斯诺亚尔斯克边疆区，两个在伊尔库茨克州。

根据地下资源使用权许可证的要求，俄气在克拉斯诺亚尔斯克边疆区开展地质勘探工作，在索宾斯克区块、奥莫林斯克区块、别利亚姆宾斯克区块和别利亚姆宾斯克气田、阿巴卡斯克区块、彼柳辛斯克区块、普里杜斯克区块、塔伊穆宾斯克区块、特特尔斯克区块和琼斯克区块进行地质研究及碳氢化合物的勘探开发。

在伊尔库茨克州，根据地质勘探工作的结果发现了齐坎凝析气田，证实C1级天然气储量165亿立方米，C2级817亿立方米。在南科维克金地区的两个许可证区块的工作还在继续。2007年4月26日，“伊尔库茨克天然气工业股份公司”在博汉区块拍卖中获胜。

在上述地区进行地质勘探工作的三年里，已投入51亿卢布，其中9亿卢布在伊尔库茨克州，42亿卢布投入克拉斯诺亚尔斯克边疆区。

2007年计划参加克拉斯诺亚尔斯克边疆区、伊尔库茨克州、萨哈（雅库特）共和国及萨哈林大陆架地区前景区块的拍卖。

（3）发展天然气运输系统和气化

俄气将天然气基础设施视为发展天然气领域最重要的条件，非常重视建立天然气运输系统。在远东，俄气收购了“远东天然气运输股份公司”部分股票，后者是共青城—哈巴罗夫斯克天然气长输管道的所有者和作业者，这样就为未来在该地区建立天然气运输系统奠定了基础，该系统的任务是将天然气输送到哈巴罗夫斯克和滨海边疆区，如有可能，还将出口到韩国。

中期规划中，向远东联邦区南部（哈巴罗夫斯克边疆区、滨海边疆区、萨哈林州和犹太自治州）的消费者供应燃气的气源可能是萨哈林—1项目的天然气，考虑到这一点，项目作业者——“埃克森油气公司”已经提出建议，将所有的天然气卖给俄气，进入天然气运输系统。

俄气还准备参与远东联邦区其他主体的气化项目，其中包括，与“堪察加天然气工业公司”联合工作，客观评估该州已建立的气化项目和设施，参与实施堪察加州燃气供应项目。

在东西伯利亚，俄气正在伊尔库茨克州建设地区天然气运输系统，在实施该州燃气供应和气化总纲要框架下，研究与拥有中小气田开发许可证的独立开发商合作的模式，俄气将从他们那里购买天然气，之后供应给消费者。目前正在与独立开发商进行谈判。已签署《俄气与伊杰拉油气公司就布拉茨克凝析气田供气项目合作备忘录》、《俄气与伊尔库茨克石油公司就马尔科夫凝析油气田和阿扬斯克气田天然气进入地区天然气运输系统供气项目备忘录》。

（4）与各地区有关气化和燃气供应的合同工作

在开展俄联邦各主体的气化和燃气供应工作方面，俄气传统上是根据相应的合同和总纲要与主体行政部门密切合作。俄气也正将这一实践推广到俄罗斯东部。目前已经与滨海边疆区、哈巴罗夫斯克边疆区、萨哈林州、伊尔库茨克州政府签署气化合同，准备签署同克拉斯诺亚尔斯克边疆区和犹太自治州气化合同草案，已向萨哈（雅库特）共和国政府提交签署合同的建议，正在起草与东西伯利亚和远东其他地区政府的合作合同。

利用俄气的资金，已制定远东联邦区燃气供应和气化总纲要基本条例，伊尔库茨克州燃气供应和气化总纲要已开始实施。正在研究在俄联邦地区气化规划框架下制定布里亚特共和国、克拉斯诺亚尔斯克边疆区及赤塔边疆区的气化总纲要的可能性。

在落实西伯利亚和远东地区油气项目时，应考虑未来向亚太国家出口的可能。自2005年俄气与中国石油天然气集团公司签署战略合作协议以来，开始研究大型天然气运输项目之一——“阿尔泰项目”。2006年3月，签署了《俄气与中国石油天然气集团公司关于从俄罗斯向中国供应天然气谅解备忘录》，其中确定了该供气项目的主要参数。

目前，俄气正在进行“阿尔泰项目”的投资论证工作，2007年就该项目环境影响评估讨论报告进行了广泛的公开听证。听证会在未来天然气管道沿线经过的所有区、州举行。公开听证会的结果是管道沿线地区的居民和政府都表示支持，最终听证于2007年3月22日在戈尔诺—阿尔泰斯克市举行。

与此同时，正在进行与中方的商务谈判，同时也在与中国、韩国、日本协商东部方向出口天然气的相应工作。

俄联邦政府批准东部天然气规划将会大大推动上述工作开展，同时也将加快俄东部其他资源的开发。

当代世界的能源因素

21 世纪初，世界经济首先呈现出全球化和自由化发展的特点，正是这一进程很大程度上也决定了能源的发展。

21 世纪之初开始的全球化是技术进一步发展和社会机制进步的反映，触及了社会生活的各个方面。自取消国际贸易壁垒，以及各国经济更紧密一体化开始，全球化为建立统一（或者说是全球的）的经济和信息空间、确立全新的国际分工体系开辟了道路。

相应地，每个国家都面临一个棘手的实际问题，即如何在这一新体系中寻找自己的位置和选择发展一些专业领域，使之与他国相比较占据绝对优势。

俄罗斯以及其他原苏联地区的国家的经济发展严重落后于经济领先国家，因此这一问题对于前者显得分外尖锐。由于众所周知的原因，苏联不仅实际上与世界市场体系隔绝，而且也没有参与确立在这个体系中占据主导的“游戏规则”。这个体系的建立和调整没有考虑苏联的利益，同样地，也没有考虑新俄罗斯和其他在原苏联地区建立的国家利益。

在这些客观上并不轻松的寻求和选择“在别人的地盘上按照别人的

游戏规则”的问题上，都有着这些“规则”的不完善和双重标准，已形成的国际分工和市场关系，首先代表着高度发达国家的利益的体制特点的印迹。这也涉及国际贸易条件、原料产品和制成品的定价、国际金融机构的运行规则，以及国家和人民相互关系等方面。优秀的美国经济学家、诺贝尔奖得主约瑟夫·尤金·史蒂格利茨在谈到正在发展的全球化时指出，“西方国家在保护自己壁垒的同时要求贫国取消贸易壁垒……西方如此推进全球化，是为了确保自己依靠发展中国家获得更多的不相称的好处……”

这段话也完全适用于能源问题及其进程的全球化。

众所周知，伴随着世界经济和能源的全球化及自由化，除其他各种因素外，政治因素和对外政策也变得更加活跃。在能源领域这不仅表现在许多国家的政府在市场因素加强的同时不断加大对本国境内能源问题的调控，而且反映在发展国家间能源合作上。这一现象背后的事实是，国际能源合作发展的同时伴随着为获得能源和其销售市场而展开的激烈竞争。从实质上看，这两个过程紧密交织、相互制约。由此，如果缺乏必要的外交机制实现相应的妥协，正在形成的全球能源体系遭到剧烈的破坏之后，各国之间强烈的相互依赖性将成为它们经济和安全巨大的致命点。

同时，这种能源相互依赖性使能源因素成为国家间政治和外交关系的有效工具。世界上已经有许多各种各样利用能源因素解决国家间政治问题的例子，以至于形成了下面一个原则性的论点：在当代世界政治中，能源因素发挥着不亚于军事因素的作用。许多国家的对外政策和能源外交就是基于这一点制定的，包括工业发达国家（美国、日本、欧盟），也包括一些发展中国家（首先是欧佩克的各石油开采成员国）。

“对外能源政策”、“国际能源政策”、“能源外交”这样的术语和概念已经牢牢地确立在当今国际实践中。常与这些概念相联系的是对外政策措施的制定和实施，这些措施的目标首先是要确保国家能源安全、国家能源领域主体的利益以及国际关系中利用能源因素实现政治目标。

这样，能源因素的作用实际上首先影响到国家的经济和能源安全，也就是整个国家安全体系中最重要的结构性因素，因为在当前条件下，国民经济稳定的能源供应被视为维持一国国防能力应有水平的基础。在这方面国家总是起着首要的作用。

上述政治因素特别是对外政策因素的积极应用，其中包括许多国家政府采取一系列严厉的措施，实现能源供应来源多元化、推行积极的节能政策、发展国际能源合作，正说明了这一点。引用此前美国能源部长萨缪尔·伯德曼在基辅举行的第八届国际论坛“21世纪的欧洲能源安全”大会上的发言作为例子，他说：“我认为，对于一个国家来说过度依赖一种燃料或者一个供货商是非常不合理的。这些行为首先会导致经济形势复杂和政治不稳定。我们正在努力使我们传统的能源，如石油和天然气的来源多元化，鼓励国内开采。为此，布什总统建议允许在阿拉斯加州国家北极野生自然保护区一块不大的区域进行油气开发。我们正在寻找扩大液化天然气进口的途径，希望与来自俄罗斯、澳大利亚、非洲、加勒比岛，以及近东的潜在供货商开展合作。”

在20世纪与21世纪之交，一些国外知名的专家和研究中心对能源安全问题的看法出现了重大的改变，主要是基于以下几点：

- 与资本主义和社会主义两大体系在全球对峙有关的问题政治色彩减弱；
- 出现了新的因素——国际恐怖主义；
- 主要发达国家能源政策正在改变。在能源供给超过需求，并且燃料和能源处于相对低价的条件下，提高能源效益的问题多年来一直被搁置在次要地位，只是在最近一段时间，随着新一轮世界原油价格增长，这个问题重新被提上日程；

• 欧佩克成员国通过的决议执行力下降。

这种情况下，对于需要进口能源的发达国家，“能源安全”这一概念与其说是为防止可能的燃料能源供给中断，而采取的全面保护本国经济的政策，不如说是为了保证从国外获得能源，向外国出口商提供进入本国能源市场的可能，即通过经济合作的途径解决能源安全问题。

需要指出，能源因素（首先是石油和天然气）对国际关系的影响不仅仅是能源安全问题可以解释的。油气行业是利润最高的经营活动之一，这个事实也对实行能源外交的国家的对外政策具有重大影响。这个观点既涉及个别公司，也涉及一些国家。此外，需要看到，油气工业本身是规模最大的工业领域之一，并且最具跨国性。油气领域的活动实际上已覆盖全球，而油气公司在开展跨国业务时，有时并不考虑国家利益。

通常在自然状态下石油和天然气紧密相连，它们的资源分布在同一个油气地区，常常是分布在同一个油气田。因此，石油和天然气业务也密切关联，并且在油气领域的大的跨国公司通常都是统一的上下游一体化油气公司。

如果说到油气因素对世界政治经济的影响，那么这种影响长时间以来是相互孤立的，天然气与石油相比一直处于从属地位，落后于后者的作用和影响力。自然，这也是行业历史发展特点所决定，石油很早就在国际能源均衡中占据重要地位，石油市场很早就穿越国境，走向国际化。

但是，最近几年，石油和天然气因素在自身的效用上越来越接近，对国际进程的影响力越来越趋同一致。它们之间可能唯一的差别就是：

石油因素已经不止一次地导致国际形势急剧恶化和大规模的军事冲突（如，第一次和第二次石油危机、伊朗—伊拉克战争、1991年科威特冲突、2003年伊拉克战争，等等）。随着天然气在国际能源平衡中影响日益增长，天然气也将可能发挥同样的作用。

能源问题和它们的解决方法不仅在过去而且在将来也是一些国家政治中最重要的决定性因素，也是整个国际社会的关切。考虑到能源对世界经济和全球居民生活保障极大的战略重要性，以及在燃料能源领域投资项目的高度资本密集性和投资惯性，所以预见可能出现的问题和能源未来发展趋势，以及因缺乏燃料能源而导致的经济增长受限的可能规模是极其重要的。

世界能源市场的全球化是合乎能源市场发展规律的必然阶段。随着时间的推移，能源市场从最初的单一商品和地区性市场发展为个别能源的区域性和全球性（世界性）市场（例如，世界石油市场）与区域能源商品或能源市场（例如，欧洲电力和天然气市场）。目前，建立其他的区域能源市场，例如亚太能源市场的问题已列入议事日程。

发展能源市场的最终目的是建立具有统一“游戏”规则的全球能源空间。谁确立规则，谁就更容易按照这个规则行事。因此，现在，在建立起这个空间的多年之前，为争夺在空间中未来的关键地位已展开争斗。在这场争斗中越来越清楚地听到一些新兴工业大国的声音，如，印度和中国。

目前，在世界能源市场，其中主要是石油市场，占据主导地位的是液体燃料生产——出口国和液体燃料进口——消费国。美国和俄罗斯在世界石油“地盘”中处于正反的两面。美国是世界上最大的石油消费国（占29%），并将维持这一地位至2030年（2030年美国石油消费将接近12亿吨/年，占世界消费总量21%）。在这种情况下，美国石油消费大部分依靠进口（2030年前，进口比重将扩大到60%~65%）。

俄罗斯稳居世界原油开采前几位，并且国内生产原油（包括成品油）的3/4用于出口。根据俄联邦政府批准通过的《能源战略》，2020年前俄罗斯国内原油开采预计增加到4.5亿~5.2亿吨/年，出口达到2.8亿~3.55亿吨/年。

最重要的石油要素是世界石油价格。美国作为世界最大的石油消费国希望石油价格低廉。便宜的石油是美国经济的发动机，是美国人民福祉的基础。同时，作为最大的石油消费国，美国始终对石油价格施以巨大的影响。相反，俄罗斯作为石油出口国希望世界原油价格高企，但是俄罗斯还从未有可能对油价水平施加巨大影响。

然而，无论是俄罗斯还是美国客观上都希望看到石油价格至少是可以预见的。因此，不管是在八国集团框架下、“俄罗斯—美国”能源对话框架下，还是亚太经合组织框架下，都必须澄清和制定解决这一问题的协商一致的方法，以及建立和维持石油“公平”价格走廊所必需的条件，这个“公平”价格要让消费国可以接受，同时使生产国能够赢利经营石油产业。

分析表明，最近十年来，世界石油市场价格波动期缩短，但波动幅度加大。这意味着在过去的十年里世界石油市场出现了新的不稳定性因素，并且这种不稳定性因素的影响日渐加强。

这些因素中也包括无法控制的来自俄罗斯、哈萨克斯坦及其他非欧佩克石油输出国石油出口的增长，以及一些新兴工业化大国，首先是中国，急剧增长的石油采购。

有一个办法就是上述所有国家必须与欧佩克一起，也与其他主要碳氢化合物生产国和消费国一起积极参与世界石油市场的调控。

最后，需要强调，世界经济和全球居民的能源保障是当代最尖锐的问题之一，比较有效的解决方法是将资源与各国潜力联合起来。此外，全球能源对话也有助于推动经济蓬勃发展以及一些尖锐的社会问题的解决。这个对话的主题就是发展国际能源伙伴关系，加强全球能源安全和稳定。在这个对话中扮演关键角色的当然是科学界人士。

参考文献

[1] A.M.马斯捷潘诺夫、Ю.К.沙弗拉尼克:《俄罗斯石油和全球化:发展模式的选择》、《能源政策》。2005年第四分册。

[2]《21世界能源：发展条件、技术、预测》，Л.С.别利亚耶夫、A.B.卡格列夫、B.B.波谢卡林等著。责任编辑B.И.沃罗帕伊，新西伯利亚，《科学》出版社，2004年。

[3] Ю.К.沙弗拉尼克:《俄罗斯国民经济和地缘政治体系中的石油工业》，莫斯科，2004年。

[4]《俄罗斯能源》、《发展战略》(能源政策科学论证)，莫斯科，俄罗斯能源部能源战略研究所，2003年。

[5] 约瑟夫·史蒂格利茨:《全球化：让人担忧的趋势》，Г.Г.皮罗果夫翻译注，莫斯科，"思想"出版社，2003年。

[6] A.M.马斯捷潘诺夫、Ю.К.沙弗拉尼克:《俄罗斯石油政治面临的迫切任务》,《世界能源政治》杂志，2003年第9期。

[7]《俄罗斯安全。能源安全(俄罗斯的石油综合体)》，莫斯科，"知识"国际人道基金会出版社，2000年。

[8]《俄联邦能源安全理论草案》,《能源政策》杂志，1996年第2期。

[9]《世界能源博览》，2004—OECD/IEA，2004年。

[10] 国际文传电讯社《天然气》每日电讯，2005年。

俄罗斯石油天然气领域投资：问题与展望

俄罗斯向市场关系转变的过程伴随着各种主要经济指标急剧下降。国内生产总值在20世纪90年代期间下降了1/3多，工业制成品减少了近50%，财政拨款投资额下降了3/4，投入使用的固定资产缩减为原来的1/4多（见表1）。

表1　主要宏观经济指标物量指数（1990年=100%）

指标	1990	1991	1992	1993	1994	1995	1996	1997	1998	1999	2000
国内生产总值	100	95	81.2	74.2	64.7	62.1	60	60.5	57.5	60.7	65.7
经济固定资金	100	103.4	105.4	105.9	105.7	105.8	105.7	105.3	104.8	104.9	105.2
投入使用的固定	100	75	44.1	37.9	27.5	26	24.4	23.2	22.2	23.6	–
工业生产	100	92	75.4	64.8	51.3	49.6	47.6	48.5	46	49.7	54.2
农产品	100	95.5	86.5	82.7	72.8	67	63.6	64.5	56	58.3	61.2
固定资本投资	100	84.8	51.1	45.2	34.2	30.7	25.2	23.9	21	22.2	26

根据[1]数据计算

尽管俄罗斯燃料能源投资有其独特性，但总的来说，其投资幅度与国内经济固定资本的投资幅度一致。

20世纪90年代中期，俄罗斯燃料能源综合体年投资总额与1991年水平相比缩减了2/3以上。

随着投资绝对值的下降，投资拨款结构大大改变。如1993年联邦预算资金和国家预算外资金占主要资金（总额为64.3%），1999年，该份额已缩减到0.9%，同时，依靠国家支持，几乎所有资金都依靠国家对煤炭行业的支持。各企业和单位的自有资金增长到85%~87%，借贷资金只占7%~14%。按照国际标准，投资结构中这种特别高的自有资金份额首先证明俄罗斯燃料能源综合体各公司投资计划被迫将方向定为解决当前任务，而非战略任务[2]。

2000年依靠各种拨款来源，固定资本投资总额（不包括核能源）为101亿多美元，可比价格比1999年水平高16.8%。与1999年相比，石油工业高额投资的积极性表现得特别突出，投资总额增长了73%。同时，继续缩减对电力工业的投资(缩减了16.2%),天然气工业的投资（缩减了11.6%）和煤炭工业的投资（缩减了33%）。

经常性的投资拨款不足导致俄罗斯燃料能源综合体固定资产损耗超过了50%（其中，石油加工业为80%，天然气工业为70%，电力为60%），导致一些行业新的大规模生产设备的投入减少了50%~80%[2]。

俄罗斯经济石油天然气领域的投资幅度与整个经济情况或燃料能源综合体的投资幅度大不相同（见表2）。

表2　固定资本投资物量指数（可比价格，1990年=100%）

年份	俄罗斯经济	俄罗斯燃料能源综合体	采油业	炼油业	天然气行业
1990	100	100	100	100	100
1991	84.8	91.5	123.8	125	90.5
1992	51.1	60.8	82.5	83.3	50
1993	45.2	44	44	149.9	37.8
1994	34.2	29.9	35	153.1	51.3
1995	30.7	30.9	32.7	124.8	40.5
1996	25.20	26.4	24.3	102.3	38.3
1997	23.9	27.5	23.5	57.5	38.8
1998	21	19.7	17.1	46.6	25.7
1999	22.2	22.7	21.4	34.5	34.8
2000	26	26.5	37	69.5	30.8
2001	28.5	28.5	38.6	101.8	32.8
2002	29.2	26.6	42	110.1	19.1

根据[3–4]数据计算

其中，石油天然气领域内部固定资本投资的幅度变化不同行业有很大差异。

石油天然气领域投资的主要部分，包括修建和改造油气管道干线[①]，传统上算进石油工业（见表3）。

① 干线及支线的修建和改造投资占天然气业投资总额的50%~60%，石油业占10%。

表3　俄罗斯经济石油天然气领域固定资本投资结构

（总计%，按现行价格）

年份	石油天然气领域合计	石油业	石油加工业	天然气业
1990	100	60.9	4.3	34.8
1991	100	74.4	2.8	22.8
1992	100	76	2.9	21.1
1993	100	66.8	7.5	25.7
1994	100	51.3	9.4	39.3
1995	100	51.1	7.9	41
1996	100	46	7.5	46.5
1997	100	47.5	4.3	48.2
1998	100	48.6	6.5	44.9
1999	100	44.2	4.2	51.6
2000	100	55.2	6.4	38.4
2001	100	54	8.4	37.6
2002	100	53.5	8.2	38.3

根据[2-4]数据计算

石油开采业投资下降始于1992年。1993年该行业资本投资总额仅为1990年水平的44%（此处和下文均为可比较价格）。随后两年的投资下降速度放慢了一些，1995年石油开采行业投资总额约为1990年的33%。1996年对石油开采业的资本投资出现了又一次崩盘，降至1990年的24.3%，到1998年再次出现投资下滑。最后到1999年，行业投资总额几乎降到只有1990年的1/6。

同时，采油量开始下降，到1999年降为3.34亿吨，即不足1990年水平的59%。投资滑坡后，1998年8月俄罗斯国内投资开始增长，包括石油开采业的投资。但即使到2000年，石油开采业投资的绝对值也只有1990年的37%（2001年为38.6%）。

石油开采水平到2002年增长到3.481亿吨，是1990年的67.5%。

最近几年保持了石油开采的正增长。国内所有主要石油天然气公司的工作更有成效，更加活跃。

上述石油开采快速增长的原因有几个，但主要在于[5]：

- 前几年奠定的正确的法律基础；
- 20世纪90年代初正确实施了行业改革，组建了大型上下游一体化石油公司；
- 俄罗斯形成相当良好的投资环境；
- 国际市场良好的行情和国际石油的高价格。

正是这些原因使石油行业投资增长了1.3倍。2002~2003年保持了较高的行业投资额。

投资的增长带来经营性钻探、新油井投产和暂停油井大修额度的增长。2001年运营的油井，使用资金增长了3.3%（2000年增长2.6%，1999年增长12.7%）。但2002年资金增长势头大大放缓。同时，通过提高现有资金使用效率，通过采用现代化的油层作业方法和提高采收率方法，采油增长势头更为显著。2004年石油公司停止了3.7%的运营性钻探和16.7%的勘探性钻探，减少了对钻探的投资，特别是对勘探井的投资。

原苏联时期建立的天然气行业潜力，使得能够长期以最小的投资过日子，到1999年初的投资总额，比1990年下降了近3/4，天然气开采量减少7.6%。

此外，20世纪90年代是我国现代史上最为复杂的时期，天然气行业成为最稳定和最有效的俄罗斯经济领域，保证了约50%的国内能源需求、20%多的外汇收入和25%的联邦预算税收。在这一时期，天然气——准确地说是廉价的天然气——成为整个俄罗斯社会主要的稳定因素。

廉价的和可以免费使用的（因为实际上不受惩罚）天然气，使数千生产企业得以保全，为居室供热，给千百万俄罗斯人的生活带来希望。但廉价的和免费使用的天然气，当时就为天然气行业本身的投资缺口埋下伏笔，并决定了现在的状况和未来3~7年的发展前景。

2003年受经济领域总存款率增长和外资流入的刺激，成为真正的“投资热”年[6]。加工行业（127%）和社会性行业(123%)呈现了最高的增长速度。但这些行业的比重，无论在总投资方面，还是在增长率方面，依然不大。2003年的主要投资仍然集中在自然垄断行业和出口导向型行业。这些行业总共为2003年俄罗斯固定资本投资提供了近一半的增长率[7]。出口导向型行业投资占据了外国直接投资的1/3。*

这一年，以拨款为来源的投资结构发生了根本性改变(见表4)，表明了俄罗斯最近几年的投资过程有了本质变化。

至于石油天然气领域各个行业,2003年对这些行业的投资（17.8%）实际上仅弥补了上一年的下降幅度。

俄罗斯联邦政府2003年8月批准的《能源战略》确定了经济和石油天然气领域最近几十年的发展前景。

《能源战略》内容包含以充分科学论据确立国家长期能源政策优先项目及其实施机制的基本文件。还应指出,《能源战略》中制定了国家经济发展和燃料能源综合体发展的两个主要方案——乐观的和中等的方案，并制定了良好情况下和危机情况下的两种工作方式。

《能源战略》拟定的俄罗斯油气开采预测水平见表5。

---

* 以美元计算，1995年俄罗斯用户的天然气平均批发价为36.5美元/千立方米，1998年下降到22.9美元/千立方米，而1999年下降到10.2美元/千立方米，实际上一直维持这个水平（2000年为11.5美元/千立方米，2001年为14.3美元/千立方米），只是到2003年春，天然气价格上涨到22美元/千立方米，这才保证了天然气行业对俄罗斯国内供气不亏损，但也无赢利。

表4　以拨款为来源的固定资本投资

（不含小企业主体）

拨款来源	2002年		2003年		增长额	
	10亿卢布	占总额百分比	10亿卢布	占总额百分比	10亿卢布	占总额百分比
投资总额	1360.3	100	1774.9	100	414,6	100
自有资金	653.1	48	809.5	45.6	156.4	37.7
引进资金	707.2	52	965.4	54.4	258.2	62.3
银行贷款	65.1	4.8	94	5.3	28.9	7
其他机构借款	82.2	6	132.7	9.2	80.5	19.4
预算资金	266.1	19.6	331.1	18.7	65	15.7
预算外资金	36	2.6	19.6	1.1	–16.6	–4
其他来源	257.8	19	358	20.1	100.2	24.2
上述单位资金	130	9.6	221.1	12.5	91.1	22

根据[6]数据计算

正如我们看到的，最近几年，根据经济发展方案（与基准年2000年相比），俄罗斯石油开采应增长39%~60%，天然气开采应增长16%~25%。

表5　俄罗斯石油和天然气领域发展预测

指标	2000年	2005年	2010年	2015年	2020年
石油和凝析油开采量，亿吨	324	420/445	445/490	450/505	450/520
天然气和伴生气加工量，亿吨	584	610/615	635/665	660/705	680/730
石油加工量，亿吨	174	190/200	190/200	190/205	190/215

表内分子表示中等发展指标，分母表示乐观发展指标。

根据[8]数据计算

俄罗斯经济石油天然气领域的顺利发展是以坚实的原料基地为基础的。在碳氢原料保障方面，俄罗斯为世界领先国家之一，其中，天然气保障方面为第一。但是，长期增加石油天然气开采需要及时将碳氢预测地质资源转为石油天然气勘探（证实）储量。

《能源战略》规定，根据拟定的燃料开采水平，2020年前俄罗斯联邦地下资源许可证制度计划和条件应保证扩大矿物原料基地再生产。这些任务用数字表示是这样的：石油储量的增长应为75亿~100亿吨，天然气应为11万亿~19万亿吨。同时，在尚未探明的东西伯利亚和远东地区的矿区所要求的石油储量的增长估计为10亿~12亿吨*。

为达到上述增长目标，全国应进行大规模地质勘探工作，包括钻探不少于4000万米普查钻井和勘探井，完成不少于600万米2D+3D地震波探矿和其他种类的地质——地质物理工作。估计到2020年前，在经济发展良好的情况下，用于此目的的投资不少于490亿美元，在经济发展情况一般时，需投资372亿美元，而经济发展困难时，投资也需254亿美元。

在整个被研究时间内，碳氢原料的增长的主要地区将是西西伯利亚、勒拿—通古斯和季姆—伯朝拉这些石油天然气地区。此外，将把重点放在与俄罗斯毗邻北极、远东和南部海洋大陆架处寻找、勘探和开发石油天然气。

根据目前估测，俄罗斯周边海域初期碳氢资源开采总量约为1千万吨（其中，160亿吨石油，8200万方天然气）。上述资源分布在16个沿海石油天然气大地区和矿区。这些资源的主要部分（约66.5%）在北部大陆架（巴伦支海、伯朝拉海和喀拉海）。俄罗斯大陆架初期碳氢资

---

* 必须指出，俄罗斯油气主要产区矿藏资源的可能储量在今后10~15年内，能够保证矿物原料基地再生产的程度不超过30%~40%，其余要靠俄罗斯新的陆地和海洋开采增加储量。

源勘探量不大，大多数地区不超过9%~12%（只有波罗的海的石油资源勘探出约14%，里海大陆架天然气资源约20%）。

确定继续在石油开采量下降的有石油天然气的地区——伏尔加—乌拉尔油气区和北高加索地区寻找新的石油天然气。

为了实现扩大矿物原料基地再生产的计划和提高地质勘探投资的兴趣，必须有积极的地下资源许可证制度政策。其中，《能源战略》规定：

完善在竞争（拍卖）基础上颁发储量探测（勘查）和勘探承包许可证方面的法律，调整地下资源使用关系；

通过有关碳氢矿租让勘探和开采的法律文件；

为地下资源使用者创造能够保障其做出开发碳氢矿和修建相应的基础设施决策的可靠的法律条件；

考虑到根据矿区矿业—地质和地理—经济特点的不同，完善利息比率发展方面税收法律；

就矿业储备等探测和开发许可证的拍卖拟制和实施有前景的中期计划。

西西伯利亚油气区仍是俄罗斯整个研究期间主要的石油基地。在良好条件下，西西伯利亚地区到2010年石油开采量将增长到3.35亿吨，此后将逐渐下降至3.15亿吨。在中等条件下，西西伯利亚地区2003~2015年的石油开采量将稳定在年产3亿吨水平，之后可能稍微下降至2.95亿吨到2.97亿吨。

在良好条件和中等条件下，将在东西伯利亚地区和萨哈共和国（雅库特）、萨哈林岛和巴伦支海大陆架形成新的经济发展石油中心。将在季姆—伯朝拉地区增加石油开采。其中，在加强地质勘探工作的同时，东西伯利亚地区和萨哈共和国（雅库特）原料基地开采量可达到8000万吨，萨哈林岛大陆架可达到2500万~2600万吨（在理想条件下）。正是由于新的石油天然气地区的开发，即使为了保持所达到的开采水平，也需要大大增加投资。

根据《能源战略》准备过程中的计算[9]，2020年前保证《能源战略》规定的石油开采水平所需的对石油开采工业的总投资应为：在理想和乐观条件下为1790亿美元，中等条件下为1543亿美元，危机条件下为726亿美元*。

在理想条件下，每年投资总额应在74亿~118亿美元之间，中等条件下，应在72亿~97亿美元之间，危机条件下，应在40亿~42亿美元之间。

还应当指出，按照《能源战略》，行业资本投入应主要依靠地下资源使用者——上下游一体化公司自有资金的形成（折旧提成和部分利润的再投资）。

《能源战略》还规定，开发新的采油区时，在项目拨款条件下引进借贷资金。未来，借贷和股份资本可达总投资额的25%~30%。应在完善地下资源使用许可证方面和采用产品分配协议制度下建立的地下资源使用体制方面，制定拨款项目可接受的法律。

行业发展所需的石油和石油产品（首先是保证碳氢产品的出口增长）供给管路改建和发展项目的实施，是在《能源战略》规定的时期大大增加所需投资额的先决条件。为完成提出的任务，2020年前计划的投资需求总额约为300亿美元（见表6）。

根据《能源战略》，投资资金将来源于：

• “俄罗斯管道运输公司”上市股份公司的自有资金，包括对现有原油管道出口输量最大的几个方向收取的管输费；

---

* 这是行业部门的估计。按资产负债估计，如加上地质勘探费用，这些投资额要稍高些（见表6）。

- 希望修建新的石油运输基础设施的上下游一体化公司的资金；
- 在项目拨款条件下引进的投资机构和金融机构的资金；
- 来自俄罗斯国内、国外或国际上的长期政府贷款和非政府机构贷款。

天然气行业生产过程具有很高的惰性，大规模开采和运输天然气，要求最少5~7年的投资工作。但是，1998年起到2002年存在的天然气价格的限制，加上承受高额的税费以及免费使用，使天然气工业失去了所需的投资资源，导致需要引入大量的贷款，使本来就不堪金融重负的行业陷入困境。形成的困难状况降低了对俄罗斯天然气工业的投资吸引力，给其今后的贷款可能性造成不良影响。

拨款资金方面一直存在的缺口使得无法进行所需规模的营业性钻探和将天然气开采项目和大型供气设备投入使用。实际投资额落后需要的

表6　实施《能源战略》的投资

（10亿美元）

行业	2000年	2006~2010年	2011~2015年	2016~2020年	2001~2020年
石油	4	50/51	58/61	60/62	227/237
－开采（加地质勘探）	2.8	39/39	45/47	46/48	176/183
－加工	0.3	4/5	5/6	6/7	21/24
－运输	0.9	8	8	8	30
天然气	3.9	27/30	36/45	51/64	172/204
－开采（加地质勘探）	1.0	12/14	14/18	21/28	69/86
－运输	2.5	12/13	16/20	25/30	82/96
－其他	0.4	3/4	6/7	6	21/22
石油天然气领域总投资额	7.9	77/82	94/106	111/126	399/441

根据[9]数据计算

情况愈发加大。尽管天然气行业资金投入拨款不足的情况已有所减缓，到2003年初，仅天然气工业股份公司的投资缺口就达到212亿美元。

按照累计投资缺口量，《能源战略》准备过程中所做的对投资天然气工业需求的评估[9]证明，仅为了保持西西伯利亚所达到的天然气开采量（根据在亚马尔半岛新的天然气开采区的开发需要），2020年之前就需要600亿~650亿美元。

此外，为实施《东西伯利亚和远东地区修建统一的天然气开采、运输和供气系统计划》，考虑到可能向亚太地区国家市场出口，还需要350亿~450亿美元。

如上所述，天然气行业很大一部分投资不得不用于修建和维持天然气输气系统的工作运转。

目前，天然气供气系统固定资产的磨损为56%。14%的输气管道的工作时间已超过规定寿命期。输气管道的平均使用年限已接近22年。1/3的天然气分配站工作时间超过规定的寿命并需要更换。1990~2002年间，输气项目改造工作拨款不超过所需要数量的29%。所以，仅能对磨损最高的项目进行改造。因此降低了输送俄罗斯天然气主要开采区纳德姆—普尔—塔兹地区天然气的输送管道的生产效率。目前，上述输送能力为每年5181亿方，设计输送能力为每年5778亿方。

为维持输气系统的工作性能，必须经常对输气设备进行优化改造和技术设备更新。

将对输气系统所有的工艺部分进行改造（沿线部分、压缩站、动力供水系统、电气化学系统、输气系统保护自动化控制系统、遥控机械系统、工艺通信系统），并与输气系统整体发展计划联系起来，一并进行改造。

主管道沿线部分和压缩站改造所需的工程量见表7。

表7　输气系统更新改造工程量

工程项目	2003~2010年	2011~2020年	2001~2020年
更换沿线输气管道，万公里	12.2	15.3	27.5
更换和改造燃气泵站机组，千兆瓦	12	13	25

根据[9]数据计算

在更新改造已建成的大型输气系统的同时，还需要修建能够保证从新的天然气开采区向用户供气的新输气干线，包括直径为1420毫米、能承受7.5兆~10兆帕压力的引线管道和各系统间的连接件、总功率为1万多兆伏的144个压缩站。总的来说，输气系统的改造和开发到2020年前需要约700亿~830亿美元[9]。

2001~2020年间燃气分配系统修建和保持其工作状态所需的投资，按照扩大了的指标计算，还需120亿~130亿美元。

能够保证《能源战略》提出的燃气行业的任务，用于该行业发展的到2020年前整个时期总投资额预计为1720亿~2040亿美元（见表6）。

这样，俄罗斯经济到2020年前整个石油天然气领域的发展可能需要约4000亿~4400亿美元，约为俄罗斯对经济总的预算资金投入的19%~20%。《能源战略》准备过程中所做的分析证明，尽管投资规模如此之大，在整个阶段内石油天然气领域对俄罗斯经济的投资“压力”保持在现有水平，从宏观经济参数的观点和国民经济发展预测比例来看是允许的。

参考文献

[1]《学术著作》，俄罗斯科学院国民经济预测研究所编：A.Г.科罗夫金主编，莫斯科，MAKC出版社，2004年，第113页。

[2] A.M.马斯捷潘诺夫:《世纪之交的俄罗斯燃料能源综合体——现状、问题和发展前景》，莫斯科，现代笔记本出版社，2001年，第624页。

[3]《俄罗斯统计年鉴》，莫斯科，俄罗斯联邦国家统计委员会，2001年。

[4]《俄罗斯燃料与能源》（燃料能源综合体专家手册），A.M.马斯捷潘诺夫主编，莫斯科，能源战略研究所，2004年，第596页。

[5] Ю.K.沙弗拉尼克:《俄罗斯国民经济和地缘政治系统中的石油工业》，莫斯科，2004年，第272页。

[6] A.P.别洛鲁索夫:《俄罗斯经济中期发展前景发展方案》，《预测问题》杂志，2004年第4期，第3-28页。

[7]《俄罗斯社会经济状况——2003年1~12月》，莫斯科，俄罗斯联邦国家统计委员会，2004年。

[8]《能源战略》，莫斯科，能源战略研究所，2003年（《能源政策》杂志增刊，第135页）。

[9]《俄罗斯能源发展战略（能源政策的科学论证）》，编辑委员会：B.B.布舒耶夫，A.A.马卡罗夫，A.M.马斯捷潘诺夫等，莫斯科，能源战略研究所，2003年，第800页。

图书在版编目(CIP)数据

马斯捷潘诺夫文集：俄罗斯能源战略和国家油气综合体发展前景 第一卷（2002-2007）/（俄）马斯捷潘诺夫著；毕明等译. —北京：世界知识出版社，2009.8

ISBN 978-7-5012-3619-0

Ⅰ.马… Ⅱ.①马…②毕… Ⅲ.能源经济—经济发展战略—俄罗斯—文集 Ⅳ.F451. 262-53

中国版本图书馆CIP数据核字（2009）第147065号

图字：01-2009-5301号

责任编辑	郭宝珍
责任出版	刘 喆
装帧设计	郭宝珍
责任校对	马莉娜

书 名 **马斯捷潘诺夫文集**

——俄罗斯能源战略和国家油气综合体发展前景

第一卷（2002-2007）

Masijiepannuofu Wenji: Eluosi Nengyuan Zhanlüe He Guojia Youqi Zongheti Fazhan Qianjing Diyijuan (2002-2007)

作 者	［俄］A. M. 马斯捷潘诺夫
主 编	章 欣
副 主 编	曹 伟
译 审	张达楠
翻 译	毕 明 王生滋 王敏俭 王海燕 等

出版发行	世界知识出版社
地址邮编	北京市东城区干面胡同51号（100010）
电 话	010-65265919（直销）010-65265923（发行）
网 址	www.wap1934.com
印 刷	世界知识印刷厂
经 销	新华书店
开本印张	880×1230毫米 1/16 16¼印张
字 数	200千字
版次印次	2009年10月第一版 2009年10月第一次印刷
标准书号	ISBN 978-7-5012-3619-0
定 价	25.00元